Eselsbrücken für helle Köpfe

Eselsbrücken
für helle Köpfe

area

Albert J. Urban: Eselsbrücken für helle Köpfe

Lizenzausgabe mit freundlicher Genehmigung von UrbanPlus

Einbandgestaltung: agilmedien, Köln
Satz und Layout: GEM mbH, Ratingen
Printed in Czech Republic 2006

ISBN 3-89996-488-8

www.area-verlag.de

Inhaltsverzeichnis

Vorwort

Vorträge, Seminare und Bücher über Lern- und Merktechniken haben Hochkonjunktur. Schaut man genauer hin, kann man sich nicht des Eindrucks erwehren, dass viele davon vor allem ältere Menschen ansprechen möchten. Dabei werden insbesondere Merk- und Konzentrationstechniken für die Bewältigung des Alltags wie Einkaufen, Erkennen von Personen, Orientierung usw. vorgestellt. In einer Gesellschaft, die nachweislich immer älter wird, hat diese Zielrichtung auch sicher ihre uneingeschränkte Berechtigung.

Dieses Buch beschreitet demgegenüber aber in zweifacher Hinsicht einen etwas anderen oder, besser ausgedrückt, einen allgemeineren Weg:

Zum einen schließt es keine Altersgruppen aus. Vom Schulanfänger bis zum Rentner kann der Inhalt amüsant gelesen und vorteilhaft eingesetzt werden. Die in der Einführung vorgestellten Lern- und Merktechniken im Umfeld von »Eselsbrücken« eignen sich für jedes Alter und für sehr verschiedene Inhalte, sowohl für Wissensstoff als auch für Probleme des Alltags.

Zum anderen wurden die Beispiele im Hauptteil aus dem Bereich der Allgemeinbildung entnommen und zeigen damit nicht nur, wie lernen funktioniert, sondern vermitteln oder wiederholen zugleich interessante Inhalte auf amüsante Weise, nämlich in Form von allgemein bekannten Eselsbrücken, die sich in der Praxis bewährt und die die Funktionsfähigkeit der Methoden bewiesen haben, die in ihnen stecken.

Dieses Buch möchte deshalb vor allem die pädagogischen Profis, d. h. Lehrer und Erzieher, anspornen, Eselsbrücken nicht zu verachten, sondern sie bewusst als einprägsame Methoden, Wege, »Brücken« einzusetzen, sei es in der Schule wie auch in der Erwachsenenbildung zugunsten einer effektiveren und weniger frustrierenden Lernkultur. Die Zeiten von »Was Hänschen nicht lernt, lernt Hans nimmermehr« sind längst vorbei, wenn es sie denn überhaupt jemals gegeben hat. Die Anforderungen an Bildung und Fortbildung beginnen früh und dauern das ganze Leben lang an.

Herausgeber und Verlag wünschen in diesem Sinne allen Benutzern viel Spaß und Erfolg beim Gebrauch dieses Nachschlagewerkes.

Einführung

Das Lernen lernen

In der Schule lernt man vieles, aber eines nur durch eigene Motivation: das Lernen selber. Wenn Sie an Ihre Schulzeit zurückdenken, wird Ihnen auffallen, dass es in erster Linie um die Wissensvermittlung ging. Entscheidend war und ist, was der Lehrplan vorgibt. Was aber, wenn ein Schüler Lernprobleme hat? Viele schlechte Noten resultieren weniger aus mangelnder Intelligenz als aus der Unkenntnis der Methoden, die lehren, etwas dauerhaft im Gedächtnis zu behalten.

Dabei geht es nicht um besondere Tricks oder ausgefallene Methoden, gar mit aufwändigen Apparaten. Es geht schlicht und einfach darum, wie man die Elemente eines Lehrstoffes, der auswendig gelernt werden soll, im Gedächtnis verankert. Schulanfänger wissen das nicht von selbst. Entweder sie finden es mühsam selbst heraus oder geben es frustriert auf, oder man zeigt und übt es mit ihnen. Als interessanter Nebeneffekt von erfolgreichem Lernen lässt sich sogar eine verminderte Gewaltbereitschaft feststellen – Lernerfolge bauen Frustrationen ab.

Oft wird übersehen, dass die Schule in vielen Fällen selbst Auslöser und Raum von Frustrationen ist, die im Mangel an Erfolgserlebnissen begründet liegen, auch wenn sie dann zum Kanal teils ganz anderweitiger Probleme und Krisen werden.

Die Schule kann eigentlich nur da ansetzen, wo das Lernen zur Quelle von Frustration wird, sollte das aber auch von der Grundschule an bis zum Abitur tun. Wenn sich die Hochschulen heutzutage erst um die Lernfähigkeig ihrer Studenten kümmern müssen, kann irgendetwas nicht mehr stimmen.

Was ist in den Schulen unter diesem Aspekt nötig?

Ein Lehrplansystem, das das Lernen selbst je nach Stoffart und Altersstufe immer wieder selbst zum Thema macht.

Es gibt nicht die eine Lerntechnik schlechthin. Es gibt verschiedene, deren Auswahl nicht nur der Neigung des Lernenden unterliegt, sondern auch der Materie eines Faches. Zudem muss eine Lerntechnik natürlich dem Alter des Lernenden angemessen sein.

Ein Benotungssystem, das konsequent und transparent die Leistung misst und sonst nichts.

Schüler sind nicht einfach frustriert, weil sie schlechte Noten kriegen. Sie sind vor allem dann frustriert, wenn sie ausgetrickst werden, wenn das Benotungssystem nicht nachvollziehbar und vor allem, wenn es nicht konsequent ist. Ein Schüler muss immer das Gefühl haben, dass seine Leistung nach klaren Regeln geprüft wird, unabhängig davon, ob die Lehrkraft ihn mag oder nicht. Gerne wird übersehen, dass verschenkte gute Noten auch ein frustrierendes Gefühl hinterlassen und kontraproduktiv sind. (»Das war zu leicht.«, »Wenn das so leicht geht, muss ich mich ja nicht mehr anstrengen.«) Noten, die Verhalten und Leistung vermischen, wie z. B. die so genannten Epochalnoten in Rheinland-Pfalz, sind für die Lehrer und Schulen vielleicht ganz nützlich, für Schüler (und Eltern) aber schlichtweg undurchschaubar und unkalkulierbar und verhindern ein Hinarbeiten auf die Höchstleistung. Auch unter diesem Aspekt sollte man das innerdeutsche Gefälle, das die PISA-Studie aufgezeigt hat, analysieren. In Bayern zählen die schriftlichen Klassenarbeiten doppelt so viel wie die mündlichen Noten, und die mündlichen Noten sind reine Prüfungsnoten hinsichtlich des Stoffes, keine Beurteilungen über Mitarbeit nach dem Motto: Wie gut hat der Schüler bzw. die Schülerin im Unterricht mitgearbeitet usw.

Nicht zu wenig Stoff.

Es ist ein weit verbreiteter Irrtum, dass man Kindern einen Gefallen tut, wenn man ihnen nicht viel zumutet. Das hat nichts mit Hochbegabtenförderung zu tun, auch nicht mit dem Gedanken, dass sie später einmal im Berufsleben durch zu wenig Wissen Nachteile haben könnten. Tatsächlich beginnen Kinder die Schule hoch motiviert und haben die Erwartung und den Drang, sofort etwas zu lernen. Wie groß ist dann oft die Enttäuschung, wenn sie erst lange mit Ausmalübungen beschäftigt werden.

Auch für ganz durchschnittlich begabte Kinder gilt: Wird in der Schule zu wenig Stoff bearbeitet, geht es in den Sprachen zu langsam vorwärts, werden in der Mathematik ein und dieselben Aufgaben immer wieder durchgekaut, dann sind sie frustriert. Kinder können und wollen auch viel mehr lernen, als man allgemein annimmt. Natürlich meckern sie lauthals, wenn es viele Hausaufgaben gibt, aber sie wissen auch: Man geht in die Schule, um was zu lernen, und nicht, um Zeit zu verschwenden.

Als bescheidener Beitrag wurde diese Sammlung von auch heute noch aktuellen Eselsbrücken zusammengestellt, die auf amüsante Weise das »Lernen lernen« vermitteln helfen soll.

Eselsbrücken – eine Lerntechnik unter vielen

Das vorliegende Buch konzentriert sich hauptsächlich auf »Eselsbrücken«, wobei unter diesem Begriff z. T. verschiedene Methoden vereint sind. Es wird deshalb in dieser Einführung nicht nur auf die Herkunft des Begriffes »Eselsbrücken« eingegangen und seine eventuelle Entstehung thematisiert, sondern die damit oft unbewusst angewandten Lerntechniken sollen so beschrieben und erläutert werden, dass die vielen gesammelten Beispiele im Hauptteil dieses Buches als Muster für die eigene Kreativität dienen können. Alle sich im Umlauf befindlichen Eselsbrücken decken keineswegs den kompletten Bereich der Allgemeinbildung ab. Diese Sammlung kann und soll deshalb nicht als Lehrbuch für Allgemeinbildung verstanden und gebraucht werden, sondern helfen, auf spannende und oft auch amüsante Weise die eigene Fantasie anzuregen, wenn es um das Aneignen und Behalten von Gelerntem geht.

Wir beschäftigen uns deshalb auf den folgenden Seiten – wenn wir uns kurz den Begriff »Eselsbrücke« näher angesehen haben – mit den verschiedenen Lerntechniken, die hinter bekannten Eselsbrücken stecken. Was wird da gemacht, wie funktionieren sie?

Ein Ausblick auf die Grenzen von Eselsbrücken und ihre Einbettung in allgemeinere Methoden soll diese Einführung beschließen, wobei wir noch einen kurzen Blick auf sehr einfache, aber äußerst wirkungsvolle spielerische Möglichkeiten des Konzentrationstrainings und das richtige Lernumfeld werfen.

»Eselsbrücke«

Der Begriff klingt fast anrüchig, zumindest ist die Einstellung gegenüber Eselsbrücken zwiespältig. Braucht Eselsbrücken nur der Dumme, der sich irgendetwas auf andere Weise nicht merken kann? Wenn man auf die Schule als Ort des Lernens schlechthin blickt, könnte man fast meinen, dass es sich so verhält. Eselsbrücken, pfui! Wer richtig lernt, braucht so was nicht. Außerhalb der Schule und im Berufsleben ist das anders. Dort sind viele Eselsbrücken im Umlauf und werden immer (noch) angewandt, helfen nicht selten sogar kleinere oder größere Katastrophen zu vermeiden.

Denken wir nur an die berühmte Anekdote mit dem Kapitän, der sein Leben lang jeden Morgen zum Dienstantritt heimlich auf einem Spickzettel die Zuordnung von Backbord = links und Steuerbord = rechts nachgesehen hat.

Ist so ein Spickzettel nun eine Eselsbrücke oder nicht? Die negative Einstellung gegenüber Spickzetteln hat sicher auch auf Eselsbrücken abgefärbt. Noch mehr hat der Begriff an sich zu dieser ablehnden Haltung geführt. Ein »Esel« ist im Volksmund ein blödes Tier und entsprechend ein Schimpfwort für hohle Köpfe. Dass man dem Tier damit Unrecht tut, weiß inzwischen spätestens seit Stern, Siehlmann & Co. jeder, der sich ein wenig für Tiere interessiert.

Aber die Eselsbrücke ist eine anrüchige Methode geblieben, wobei man übersieht, dass wir ständig solche Methoden anwenden, ohne sie als Eselsbrücken einzuordnen. Ohne Methoden könnten wir gar nichts lernen und im Gedächtnis behalten.

Den Begriff »Eselsbrücke« gibt es schon länger. Wir finden ihn auch in anderen Sprachen wie z. B. »asses bridge« oder »pont aux ânes«. Allerdings wird im Englischen heute meist von »mnemonics« gesprochen, wenn Eselsbrücken gemeint sind.

Alle modernen Übersetzungen stammen vom mittellateinischen »pons asinorum« (Brücke von/für Esel) ab, womit in der Scholastik eine bestimmte logische Figur bezeichnet wurde. Ursprünglich war solch eine »pons« keineswegs etwas für angeblich Dumme und Faule, sondern im Gegenteil ein figürliches Hilfsmittel der aristotelischen Logik seit dem 15. Jahrhundert. Andere Traditionen bezeichnen damit den Lehrsatz des Pythagoras zum rechtwinkligen Dreieck oder einen Lehrsatz von Euklid.

Aber schnell mutierte »pons asinorum« zum Hilfsmittel nur für Begriffsstutzige und ist es (leider) bis heute geblieben. Zu Unrecht jedoch, denn aus den bekannten Eselsbrücken kann man das Lernen lernen.

Die »Esels-Brücke« als Bild scheint auf eine Beschreibung Plinius' des Älteren in seiner »Naturalis historia« zurückzugehen, wo er schildert, dass Esel nur schwer über eine Brücke gehen, wenn sie durch den Boden das Wasser sehen können: »Nec pontes transeunt per raritatem eorum translucentibus fluviis.« (Naturalis historia 8, 68)

Diese Beschreibung von Plinius wurde später immer wieder übernommen. (Die Behauptung einer antiken Autorität durch ein Experiment zu überprüfen ist erst eine Einstellung der Neuzeit.) Vermutlich hat das damit verbundene Bild vom »dummen« Esel dazu geführt, dass man die Brücke selbst als ein Hilfsmittel für Dumme ansah, obwohl vom unvoreingenommen betrachteten Bild, das Plinius heraufbeschwört, für Eselsbrücken eigentlich eher abzuleiten wäre, dass nur der als dumm bezeichnet werden könnte, der solche Brücken gerade nicht beschreitet.

Eselsbrücken als Muster für Lerntechniken

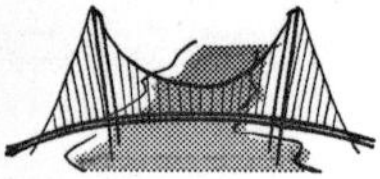

Betrachten wir deshalb im Folgenden die Eselsbrücken, von denen Sie rund 400 Beispiele in diesem Buch finden, als Fundgrube für Techniken und Methoden und sehen uns diese genauer an, um daraus abzuleiten, wie man sich täglich für die eigenen Zwecke neue Eselsbrücken basteln bzw. Methoden aneignen kann, die man bald ganz unbewusst anwendet. Eselsbrücken sind alles andere als einfache Merksätze für Dumme. Denn derjenige, der das Prinzip von Eselsbrücken verwendet, wird sich bald nicht mehr auf die vorhandenen beschränken, sondern von ihnen lernen, sich eigene zu schaffen.

Eselsbrücken können wir unter zwei Aspekten betrachten und analysieren. Zum einen rein funktional, d. h. mit welchen Mitteln arbeiten und funktionieren sie? Zum anderen formal, d. h., welche Art von Fakten sind in ihnen gespeichert?

Im Wesentlichen finden wir folgende Typen, natürlich nicht immer in Reinform, sondern oft vermischt. In der Praxis ist nicht die reine Form oder Methode entscheidend, sondern die Effektivität.

Funktional können wir unterscheiden:

- Reime im weitesten Sinne
- Akronyme und ihre Umkehrung
- Buchstäbliche Ähnlichkeiten und Analogien
- Visuelle Anknüpfungen
- Lustiges, Komisches oder Witziges
- Diagramme und Organigramme

Formal können wir als Fakten erkennen:

- Zahlen
- Namen von Personen
- Gruppen von Tieren oder Dingen
- Abläufe von Prozessen und Vorgängen bzw. korrekte Reihenfolgen
- Vokabeln und Rechtschreibung
- Regeln aller Art

Reime im weitesten Sinne

Dies ist bei den gebräuchlichsten und bekannten Eselsbrücken mitunter die häufigste Methode. Es werden Fakten in einen Reim gepackt, den man sich leicht merken kann. Das funktioniert so ziemlich bei jedem Inhalt. Beispiele finden sich in diesem Buch zur Genüge vom Anfang (»753, Rom schlüpft aus dem Ei.«) bis zum Ende (»Wenn die Sonne lacht, dann Blende acht.«).

Entscheidend bei dieser Methode ist die Eingängigkeit, nicht die dichterische Qualität des Reims. Alles ist erlaubt, auch so etwas Merkwürdiges wie »Kilometertal – Euer Urpokal« (Merkreim für die neun Musen). Überhaupt kein Problem. Und solche Reime kann jeder erfinden. Wenn er dann auch noch lustig klingt, wie »333 bei Issos Keilerei«, umso besser, weil in diesen Fällen eine Methode die andere noch verstärkt. Im genannten Beispiel ergänzen sich Reim und lustige Ausdrucksweise optimal zu einem Spruch, den ganze Schülergenerationen nie wieder vergessen haben.

Akronyme und ihre Umkehrung

Akronyme sind im engeren Sinne Kunstwörter, die aus den Anfangsbuchstaben anderer Wörter bestehen. Das verwenden wir täglich, ohne auch nur an »Eselsbrücken« zu denken. Z. B. ist »USA« ein Akronym, weil es aus den Anfangsbuchstaben von »**U**nited **S**tates (of) **A**merica« besteht.

In unserem Buch finden Sie allerdings nicht dieses Alltagsbeispiel, sondern viele andere wie z. B.:

»HOMES« als Akronym für **H**uron, **O**ntario, **M**ichigan, **E**rie und **S**uperior, also den fünf großen Seen Nordamerikas,

oder

HONCS als Akronym für die fünf wichtigsten chemischen Elemente H = Wasserstoff, O = Sauerstoff, N = Stickstoff, C = Kohlenstoff und S = Schwefel.

Aber nicht alle Akronyme in diesem bisher beschriebenen Sinne sind umgekehrt auch immer Eselsbrücken. Viele Akronyme haben sich deshalb eingebürgert, weil der ausführliche Begriff schlichtweg zu kompliziert ist. Kriegen Sie auf Anhieb noch AIDS oder UNICEF ausgeschrieben aufs Papier? Die Akronyme helfen hier nur eingeschränkt weiter.

Bei Eselsbrücken wird die Methode allerdings nicht immer ganz so streng genommen, d. h. nicht immer nur der erste Buchstabe verwendet. Es können genauso gut auch zwei oder mehr Buchstaben verwendet werden wie z. B. in »TEST LEUCHTKOPY, GARTENMAUS« (vgl. die sieben Weltwunder auf Seite 216).

Genauso häufig kommt auch eine Art Umkehrung der akronymischen Methode zur Anwendung. Es werden von einer Gruppe von Begriffen, egal welcher Art, die Anfangsbuchstaben genommen, dazu völlig andere Begriffe mit denselben Anfangsbuchstaben gesucht und zu einem Spruch zusammengesetzt.

Exzellentes Beispiel dafür ist »**M**ein **V**ater **e**rklärt **m**ir **j**eden **S**onntag **u**nsere **n**eun **P**laneten.« als Spruch für die neun Planeten unseres Sonnensystems in der korekten Reihenfolge: **M**erkur, **V**enus, **E**rde, **M**ars, **J**upiter, **S**aturn, **U**ranus, **N**eptun und **P**luto.

Und das Prinzip gilt nicht nur für Inhalte wissenschaftlicher Art, sondern z. B. auch in der Musik, wo man beispielsweise die Stimmung einer Gitarre mit den Tönen E, A, D, G, H, E in dem Spruch »**E**in **A**nfänger **d**er **G**itarre **h**at **E**ifer« eingefangen hat.

Buchstäbliche Ähnlichkeiten und Analogien

Eselsbrücken wie

»Steue**r**bord ist **r**echts« (vgl. S. 394),
»par**allel**« (vgl. S. 96) oder
»You have one **c**ollar on your shirt but you wear two **s**ocks: ne**c**e**ss**ary« (vgl. S. 136)

spielen richtig mit z. T. sogar völlig zufälligen oder – rein logisch gesehen – zusammenhanglosen Ähnlichkeiten und Analogien.

Auch hier gilt: Erlaubt ist, was funktioniert, ohne Einschränkungen. Man muss sich wirklich nicht schämen, eine solche Eselsbrücke einzusetzen. Vielmehr zeugt es eher von Klugheit und intelligentem Verhalten, wenn man sich nicht stur auf sein Gedächtnis verlässt, sondern zu solchen Hilfsmitteln greift, damit ja nichts schief geht.

Visuelle Anknüpfungen

Noch extremer ist die Analogiebildung, wenn die Form der Buchstaben mit etwas ganz anderem verknüpft wird. Ein Beispiel aus der Physik und Elektrotechnik:

Anode – Kathode

Hier wird der Querstrich im »t« von »Kathode« als Minuszeichen gesehen. Damit merkt man sich, dass die Kathode negativ ist, die Anode also positiv.

Eine einfache, aber wirksame Methode – sonst wäre sie nicht ins Allgemeingut an bekannten Eselsbrücken eingegangen.

Ganz ähnlich wird einem in der Fahrschule eines der wichtigsten Verkehrszeichen überhaupt nahe gebracht:

Die Eselsbrücke besteht in der Form des Verkehrszeichen – ein »V« wie in »**V**orfahrt«. Die umgekehrte Form ähnelt dem »A« wie in »**A**chtung« und weist auf eine kommende Gefahrenstelle hin, die besondere Aufmerksamkeit erfordert.

Lustiges, Komisches oder Witziges

Davon abgesehen, dass manche Eselsbrücke einfach komisch oder lustig klingt, wird der Witz oft auch gezielt eingesetzt. In »333 bei Issos Keilerei« ist uns das oben schon zusammen mit einem Reim begegnet.

Wer einmal den Witz:

Sagt ein Gast auf Englisch zum Kellner, nachdem er schon eine Stunde auf sein Essen gewartet hat:
»When will I become the beefsteak?«
»Never, I hope, Sir.«

verstanden hat, wird »become« (werden) so schnell nicht mehr falsch verwenden, wenn »get« (bekommen) gemeint ist.

In den meisten Fällen reicht schon ein lustiges Bild, das ein Spruch heraufbeschwört, um die Merkfähigkeit deutlich zu erhöhen. Ein Beispiel aus der englischen Pluralbildung: »Ehefrauen und auch Messer finden v im Plural besser.« (»wives« und »knives«)

Man muss kein Psychologe sein, um hier die positive Wirkung von komischen Einfällen als einen wichtigen Mechanismus unseres Gedächtnisses zu begreifen, den wir nicht oft genug einsetzen können.

Diagramme und Organigramme

Jeder weiß, einen fachlichen Text einfach durchzulesen, bringt nicht viel. Wichtige Sachverhalte schreibt man in kurzen Stichwörtern heraus oder malt Symbole dafür, bringt alles in eine überschaubare Anordnung und verknüpft die Elemente zu logischen Einheiten bzw. zeitlichen oder kausalen Abfolgen.

Heutzutage nennt man das Mindmapping, weil alles Bewährte einen englischen Namen zu brauchen scheint, um nicht verstaubt zu klingen. Dahinter steckt aber nichts anderes als eine uralte Methode, die bereits der römische Redner Cato empfohlen hat: »Rem tene, verba sequuntur.«

Was ist damit gemeint? Nun, bei den alten Römern war das politische Leben vor allem durch den Einsatz der Redekunst geprägt. Wer hervorragende Reden zu halten vermochte, hatte Autorität und konnte seine Ideen durchsetzen. Leider gab es damals aber noch keinen versteckten Teleprompter, von dem man Reden einfach ablas. Ablesen von einem Manuskript wäre mit Gelächter beantwortet worden, weil es auf die Unfähigkeit des Redners zu freier Rede schließen ließ.

Was rät nun unser Cato, wenn es darum geht, in freier Rede nicht den Faden zu verlieren? Keinesfalls die Rede vorher auswendig lernen! Stattdessen die »Sache« (»rem«) im Gedächtnis zu behalten, die »Worte folgen dann von selbst« (»verba sequuntur«).

Das gilt heute noch genauso wie damals. Man verfolge nur einmal eine Übertragung von Debatten im Bundestag. Wer abliest, wirkt viel langweiliger als der freie Redner.

Wie bereitet man aber eine freie Rede vor? Man abstrahiert von den Inhalten ein paar entscheidende Stichwörter und ordnet diese in einem Organigramm an, das man auf einer größeren Karteikarte unterbringt. Ist die Rede länger, dann sind natürlich auch mehrere Karteikarten möglich. Das ist die »Eselsbrücke«, d. h. der Spickzettel, der auch einem freien Redner in der modernen Zeit erlaubt ist.

Wer in der Schulzeit gute Spickzettel angefertigt hat, konnte dann im entscheidenden Moment sogar weitgehendst darauf verzichten. Durch das Herausfiltern des Wesentlichsten und das Anordnen in einer Skizze hatten sich die wichtigsten Punkte schon längst dem Gedächtnis eingeprägt. Das ist »learning by doing« in einem sehr konkreten Sinne.

Zahlen

Das Auswendiglernen von Jahreszahlen im Geschichtsunterricht hat schon viele Schüler gequält und ist gegenüber früheren Zeiten sehr stark reduziert worden, wie überhaupt der ganze Geschichtsunterricht sich sehr stark verändert hat.

Aber ganz ohne wird es nie gehen. Gewisse geschichtliche Daten gehören einfach schlichtweg zur Allgemeinbildung. Solche finden Sie im ersten Kapitel des Hauptteils dieses Buches. Die meisten bilden Reime auf die Zahlen, wobei die Zahlen je nach Bedarf auch einzeln aufgezählt werden wie z. B. in:

»Acht, null, null (800) – Karl der Große stieg auf den Stuhl.«

Es gibt aber noch eine ganz andere Methode, sich Zahlen, insbesondere größere Zahlen, einzuprägen. Wir haben in unserem Buch als Beispiele die Kreiszahl π und die Euler'sche Zahl e aufgeführt.

Die ersten Ziffern der eigentlich nach dem Komma unendlich weitergehenden Kreiszahl π kann man sich merken mit dem Spruch:

»Ist's doch, o jerum, schwierig zu wissen, wofür sie steht.«

Damit kommt man zur Zahl 3,1415926535 – wie, fragen Sie? Diese Frage könnte in einem Intelligenztest stehen, aber wenn Sie genau hinsehen, dann finden Sie das Prinzip sehr schnell. Jede Ziffer wird durch ein Wort repräsentiert, und die Buchstabenzahl des Wortes ist der Wert der Ziffer, also »ist« steht für 3, das Hochkomma erinnert in diesem Fall sogar an das Dezimalkomma, das »s« steht für 1, »doch« für 4 usw.

Man möchte schon fast sagen: Genial! Ist es auch. Zu Zeiten von Taschenrechnern, Computern und allgegenwärtigem Internet ist dieses Prinzip ein wenig untergegangen, aber wer es kennt, braucht nicht mal Übung, um es im Notfall anzuwenden und sich selbst ein paar Sätze auszudenken.

Wer sich schwer tut, passende Wörter mit der geforderten Buchstabenzahl zu finden, greife einfach zu einem Kreuzworträtsellexikon.

Eine ganz andere Methode, sich Zahlen und Mengen zu merken, wird weiter unten beim Ausblick auf Merktechniken kurz beschrieben, die allgemein nicht zu Eselsbrücken gerechnet werden, auch wenn man natürlich den Begriff »Eselsbrücke« ohne Probleme auf alles ausdehnen könnte, was Unterstützung beim Memorieren verspricht – bis hin zum berühmten Knoten im Taschentuch.

Namen von Personen

Eine Reihe von allgemein bekannten Eselsbrücken, vor allem zum Fach Geschichte, fassen Namen von berühmten Personen oder geographischen Orten zusammen oder bringen Namen in Zusammenhang mit wichtigen Jahreszahlen. Entsprechende Beispiele finden sich gleich im ersten Kapitel des Hauptteiles dieses Buches wie z. B.:

»Armin schlug den Varus richtig – 9 (neun) nach Christus, das ist wichtig.«

Bei diesen Eselsbrücken kommen vor allem Reime und Akronyme zum Einsatz. Ein berühmtes Akronym ist:

»WA JE RO LI«,

das die vier Präsidenten zusammenfasst, die im Monument von Mount Rushmore verewigt sind: **Wa**shington, **Je**fferson, **Ro**osevelt, **Li**ncoln.

Für den persönlichen Bereich gibt es eine andere, in bekannten Eselsbrücken nicht angewandte Methode, um sich die Namen von Personen zu merken. Diese Methode wird ebenfalls weiter unten beschrieben.

Gruppen von Tieren oder Dingen

In praktisch allen Wissensgebieten, vor allem aber in Biologie, Chemie, Geographie und in der Medizin, muss sehr viel auswendig gelernt werden. Physiker und Mathematiker haben es da ein wenig leichter. Es verwundert deshalb keineswegs, dass die genannten Fachgebiete eine ganze Reihe von allgemein bekannten Eselsbrücken aufweisen, die von den Schülern und Studenten dankend genutzt werden, aber auch viele sehr spezielle Eselsbrücken verwenden, die über das Allgemeinwissen weit hinausgehen. Besonders zum Fach Anatomie gibt es eine Menge Sprüche und Merkhilfen, die Studenten einsetzen, um durch die schwierigen Prüfungen zu kommen.

In diesem Buch führen wir nur einige davon als Beispiele auf, die zeigen, dass hauptsächlich entweder Reime oder Akronyme gebildet werden, wenn es um das Aufzählen von Elementen einer Gruppe geht.

Das können sein:

- Kindergartenreime wie:
  »Welpen sind die Hundekinder,
  Kälber neugeborne Rinder,
  und die Kleinen von den Pferden
  nennt man Fohlen hier auf Erden.«

- Biologiewissen auf Grundschulniveau wie:
  »In Bunt, in Rot, Schwarz, Grün und Grau,
  in Mittel-, Klein- und Zwergenbau,
  als Brut wie Elstern weiß am Rücken:
  Familie Dreihzeh kann prima sich schmücken.«

- Anatomisches Wissen fürs Physikum wie:
  »Ein Kahn fährt im Mondenschein ums Dreieck- und
  ums Erbsenbein;
  Vieleck groß und Vieleck klein,
  der Kopf, der muss am Haken sein.«

Abläufe von Prozessen und Vorgängen bzw. korrekte Reihenfolgen

In vielen Fällen reicht das bloße Aufzählen einer Gruppe von Elementen nicht mehr aus, sondern die Reihenfolge spielt ebenfalls eine Rolle. Ist die Eselsbrücke ein Reim oder Akronym, dann kann bei der Bildung des Merkspruches oder Merkwortes gleich auf die korrekte Abfolge geachtet werden. Oben haben wir bereits das Beispiel der neun Planeten unseres Sonnensystems erwähnt, in dem neben den Namen der Planeten auch gleich die richtige Reihenfolge enthalten ist.

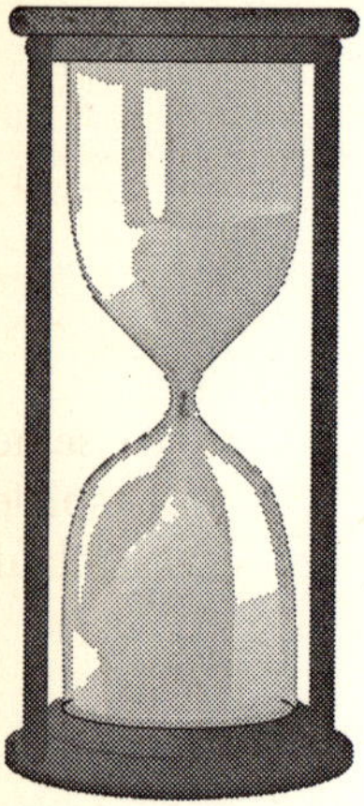

Ein schönes Beispiel ist auch der Ablauf eines Viertaktmotors:

»Otto denkt **ans Verdi**enen durch **Arbeit** und gutes **Aus**kommen.«

(1. **Ans**augtakt, 2. **Verdi**chtungstakt, 3. **Arbeit**stakt und 4. **Aus**pufftakt.)

Oder die Farben des Spektrums in richtiger Reihenfolge:

»Richard Of York Gave Battle In Vain.«

(Red, Orange, Yellow, Green, Blue, Indigo, Violet)

Bis zum Extrem gehen sogar Eselsbrücken für Mathematik und Physik. Hier werden nicht nur Elemente einer Gruppe aufgezählt oder Zahlen sprachlich codiert, sondern ganze Formeln in Sprüche verpackt. Wie man die Oberfläche und das Volumen eines Würfels berechnet, weiß man in der Regel, aber bei einer Kugel steht man schnell ratlos da, weil man das zwar einst in der Schule gelernt, aber inzwischen längst wieder vergessen hat – es sei denn, die überlieferte Eselsbrücke wurde einem gleich mitvermittelt:

»Innen hat die Kugelei
vier Drittel mal π mal r hoch drei.
Und was sie auf dem Buckel hat,
ist vier mal π mal r Quadrat.«

Hier stößt das Prinzip der Eselsbrücken aber auch an seine Grenzen, was sich schon darin zeigt, dass nur wenige Beispiele mit mathematischen oder physikalischen Formeln im Umlauf sind.

Vokabeln und Rechtschreibung

Zu den häufigsten Eselsbrücken gehören solche, die beim Lernen von Sprachen, sowohl Fremd- als auch Muttersprachen, eingesetzt werden.

Wer könnte je den Spruch »Wer nämlich mit h schreibt, ist dämlich« vergessen?

Dieses Buch enthält sehr viele Beispiele zu Deutsch, Englisch, Französisch, Italienisch und Latein. Sie zeigen, wie vielfältig die Eselsbrücken verwendet werden und mit welch unterschiedlichen Methoden sie funktionieren.

Wir finden hauptsächlich:

- Reime wie:
  »Sei nicht dumm und merk' dir bloß,
  Namenwörter schreibt man groß.«,

- Akronyme wie:
  »S P O M P T« (**S**ubject, **P**redicate, **O**bject,
  Manner, **P**lace, **T**ime),

- aber auch viele fantasievolle Spielereien mit Analogien und Ähnlichkeiten aller Art.

Sogar einzelne Vokabeln wurden in Eselsbrücken verpackt, wobei sich hier aber auch die Grenze der Anwendungsmöglichkeit zeigt. Wirklich sinnvoll und praktisch wertvoll sind da eigentlich nur Vokabeln mit grammatikalischen oder orthographischen Besonderheiten. Eselsbrücken lassen sich da nur punktuell einsetzen, nicht generell.

Wie man Vokabeln effektiv lernen kann, wird ebenfalls weiter unten kurz erläutert, wo es um Lerntechniken geht, die zwar keine Eselsbrücken im engeren Sinne sind, aber mit diesen in Berührung kommen.

Regeln aller Art

Eselsbrücken werden in allen Schulfächern eingesetzt, aber nicht nur da. Immer, wo es wichtig ist, schnell und ohne zu zögern richtig zu reagieren, wie z. B. im Verkehrswesen, haben sich ebenfalls Eselsbrücken gebildet und werden weitergereicht. Da können sie tatsächlich lebensbewahrend sein. Denken wir nur an die Verkehrserziehung der Kleinsten (und Schwächsten im Straßenverkehr), die man mit Reimen wie:

»Erst links, dann rechts, dann gradeaus, so kommst du sicher gut nach Haus.«

oder

»Bei Rot bleibst du stehen und bei Grün darfst du gehen.«

vor dem Schlimmsten bewahren möchte.

Dass Eselsbrücken aber nicht nur für die Kleinsten gebraucht werden, also kein Kleinkinderkram sind, zeigt sich darin, dass es auch in der »Verkehrserziehung« der Großen – sprich »Führerscheinausbildung« – ebenfalls eine Reihe von Merksprüchen gibt, mit denen man sich das richtige Verhalten und Reagieren im Straßenverkehr aneignen soll.

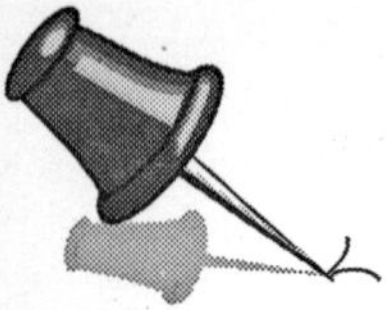

Da zeigt sich auch ein Vorteil von Eselsbrücken: Sie ersparen das Nachdenken – und das ist hier keineswegs ironisch gemeint. In den vergangenen Jahrzehnten waren Eselsbrücken in der Schule oft auch deshalb verpönt, weil die Schüler doch besser nachdenken als nur auswendig Gelerntes einfach abspulen sollten. Das ist schon richtig, aber die positive Seite dieser Medaille ist die, dass die Eselsbrücke einem Verhalten und Reagieren ermöglicht, wo keine Zeit zum Nachdenken bleibt. Im ganzen täglichen Leben, nicht nur im Straßenverkehr, müssen wir oft instinktiv richtig reagieren, und da dem Menschen die Instinkte im Laufe der Evolution weitgehend abhanden gekommen sind, behilft er sich mit kurzen, einfachen und prägnanten Regeln.

Richtig und effektiv lernen

In den vorhergehenden Erläuterungen wurde schon mehrmals darauf hingewiesen, dass sich mit den Eselsbrücken Lerntechniken und -methoden berühren, die nicht zu Eselsbrücken im eigentlichen Sinne gerechnet werden können, die wir aber in diesem Buch nicht einfach auslassen dürfen. Die Methoden der Eselsbrücken sind eingebettet in ein ganzes Umfeld von Möglichkeiten und Gegebenheiten, die zumindest ansatzweise erwähnt und beschrieben werden müssen.

Vorab wollen wir aber grundsätzlich auf die richtige Umgebung für das Lernen eingehen. Denn die besten Techniken bringen nichts, wenn nicht die richtige Atmosphäre geschaffen wird, in der man sie einsetzt. Nicht nur das »Wie« des Lernens ist entscheidend, sondern auch das »Wo« und das »Wann«.

Die verhängnisvollen Folgen des Superlearnings

»Superlearning« war in der zweiten Hälfte des 20. Jahrhunderts für einige Zeit eine richtige Modeerscheinung. Die Erfinder des »Superlearnings« propagierten ihre Methode als die Lernmethode der Zukunft schlechthin und prophezeiten eine paradiesische Zukunft, wo man alles Wissen mühelos – buchstäblich eingelullt im Dämmerzustand – sich aneignen könnte.

Die Methode bestand schlichtweg darin, bei einer Person oder einer Gruppe von Personen die bewusste Aufmerksamkeit auf vorgespielte Musik zu lenken und sie dann unterschwellig mit vorgesprochenen Informationen zu berieseln. Die Erfolgsberichte der Erfinder waren beeindruckend, sogar einfache Putzfrauen ohne jegliche Vorbildung sollen auf diese Weise sehr schnell Fremdsprachen gelernt haben.

Warum diese Methode sich seit ihrer Erfindung immer noch nicht allgemein durchgesetzt hat, müssen wir in diesem Buch nicht eingehender untersuchen. Kann sein, dass – wie die Verfechter es behaupten – die Methode immer falsch angewandt wird, kann sein, dass sie doch nicht die Resultate bringt, die sie verspricht. Das ist hier auch nicht entscheidend, davon abgesehen, dass es viel Wissensstoff gibt, der nicht einfach durch Auswendiglernen angeeignet werden kann, sondern durch Verstehen und Üben wie z. B. in den Bereichen von Mathematik und Physik.

»Verhängnisvoll« waren nur die Folgen für die Lernkultur – und sind es bis heute. Während die Erfinder eindeutig klarstellten, dass nur ganz bestimmte Musik, nämlich des Barock oder der Renaissance, also z. B. ruhige und sehr strukturierte Musik von Bach oder Vivaldi, für diese Methode geeignet wäre, auf keinen Fall aber in irgendeiner Weise emotionale Musik, trällert heute beim Lernen meist Pop- oder gar Rockmusik aus dem Lautsprecher.

Womit wir bei einem entscheidenen Problem wären: Lernen funktioniert nur dann effektiv, zuverlässig und auch schnell, wenn absolut KEINERLEI Ablenkungen in der Umgebung vorhanden sind. Der Spruch »Bei Musik kann ich besser lernen« ist schlichtweg falsch. Wer beim Lernen Musik hört oder gar den Fernseher laufen hat, braucht viel länger und behält deutlich weniger vom Gelernten als in völliger Stille.

Womit die wichtigste Voraussetzung an die Umgebung eigentlich definiert ist. Sie muss ohne Ablenkung visueller und auditiver Art sein.

TV und Radio mögen bei eintönigen Arbeiten wie Bügeln oder Heimarbeit sogar sehr sinnvoll sein, wenn das Gehirn nicht ausreichend beschäftigt ist, aber beim Lernen sind sie völlig unangebracht.

»Niemand kann auf zwei Hochzeiten tanzen!«

Fernsehen und Computer

In diesem Zusammenhang muss man ein Phänomen erwähnen, das für die »richtige« Umgebung einen entscheidenden Schluss erzwingt. Während bis vor ca. 15 Jahren die Leistungen von Jungen und Mädchen in der Schule im Durchschnitt ungefähr gleich gut waren, sind seither die Leistungen der Jungen – ebenfalls natürlich im Durchschnitt – deutlich zurückgegangen, die der Mädchen nur geringfügig. Wissenschaftler führen dies auf das Auftauchen der Videokonsolen und der Computerspiele zurück.

Man muss aber nicht einfach den Wissenschaftlern glauben, um den umgekehrt proportionalen Zusammenhang zwischen Video- bzw. Computerspielen und auch dem Fernsehkonsum auf der einen Seite und Lernleistung auf der anderen zu erkennen. Ein ehrlicher Selbsttest oder die Beobachtung der eigenen Kinder macht das schnell klar:

Computerspiele und Filme, insbesondere auch Fernsehserien für Kinder und Jugendliche, wirken sehr zerstreuend und bauen die Konzentrationsfähigkeit ab und nicht auf. Die »Konzentration«, die vor dem Bildschirm gefangen hält, ist eine völlig andere, als die Konzentrationsfähigkeit, die man zum Lernen benötigt. Sie wird mit beabsichtigter Reizüberflutung erzeugt, die den Spieler oder Zuschauer bei der Stange halten soll.

Man muss deshalb nicht radikal auf Video- oder PC-Spiele bzw. Film und Fernsehen verzichten, aber sich über deren zerstreuende Wirkung im Klaren sein und entsprechende Einteilungen treffen, wobei es besser ist, an ein und demselben Tag vor dem Lernen (in Maßen) zu spielen und fernzusehen als nachher. Dreht man die Reihenfolge um, war der Lernaufwand z. T. völlig umsonst, weil durch Bildschirmunterhaltung nach dem Lernen signifikant mehr Gelerntes wieder verloren geht als umgekehrt.

Die Lernpsychologie bietet dafür auch eine Erklärung an. Eben neu Gelerntes kommt zuerst nur in das Kurzzeitgedächtnis und wird erst nach einer Zeitdauer von mindestens einer halben Stunde, oft aber auch erst nach Stunden bzw. durch eine Phase ausreichenden Schlafes ins Langzeitgedächtnis übertragen, wo es durch eine zeitnahe Wiederholung (z. B. am nächsten Morgen) nochmals verankert werden muss. Dies funktioniert schlichtweg nicht, wenn die Verarbeitung im Kurzzeitgedächtnis durch viele neue Reize, die vor allem audiovisuelle Medien hervorbringen, gestört wird.

Wann lernt man am besten?

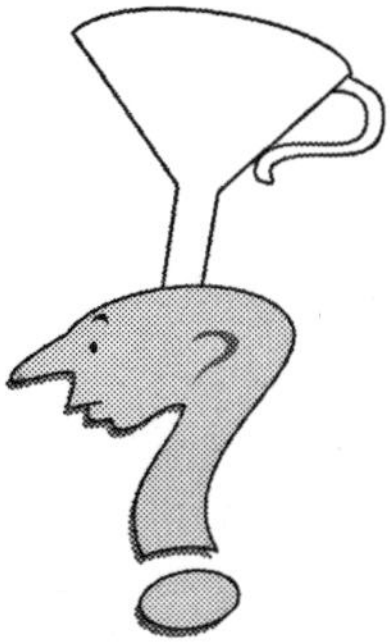

Man könnte überspitzt sagen: Wenn es am schwierigsten ist. Obwohl es leichter fällt, frühmorgens etwas zu lernen als nachmittags oder abends, ist dies nicht der beste Weg, um Wissen dauerhaft zu speichern. Am Morgen etwas lernen bedeutet, es schnell wieder zu vergessen.

Neuen Lernstoff muss man nachmittags oder abends lernen und am nächsten Morgen wiederholen. Das ist die effektivste Einteilung. Selbstverständlich ist vorausgesetzt, dass man mit »abends« eine Zeit ansetzt, wo man die Augen noch offen halten kann, also noch einigermaßen fit ist. Sonst greift diese Regel natürlich auch nicht mehr.

Vokabeln lernen

Die Methode, wie Fremdsprachen, lebende und »tote«, heutzutage in der Schule vom Ansatz her unterrichtet werden, ist deutlich besser als früher. Die klassische Einteilung des Stoffes in Vokabeln, Grammatik und Syntax war nicht optimal. Dies zeigt sich am ehesten beim Lernen von Vokabeln.

Man sagt: Wer eine Vokabel, die er nicht kennt, aus einem Wörterbuch heraussucht, setzt sie garantiert falsch ein. Warum? Weil er keinen Kontext dazu hat. Heutige Lehrwerke für Fremdsprachen messen hier von den ersten Lektionen an der Einordnung von Vokabeln in einen bestimmten Kontext viel mehr Bedeutung zu. Dies betrifft nicht nur moderne Sprachen, sondern auch Sprachen wie Latein und Griechisch. Früher bestanden die Lehrbücher des ersten Schuljahres in diesen Sprachen über viele Lektionen hinweg aus völlig zusammenhanglosen Sätzen mit z. T. völlig belanglosem Inhalt folgender Art:

1. Der Bauer pflügt das Feld.
2. Das Mädchen spielt im Hof.
3. Die Mutter bereitet das Abendessen vor.
4. Das Haus ist geräumig.
5. Die Rose ist schön.

Die heutigen Lehrwerke sind völlig anders konzipiert. Von der ersten Lektion an wird versucht, einen zusammenhängenden, interessanten Text zu bieten. Und alles, was dazugehört, d. h. Vokabeln, Grammatik und Syntax, wird in diesem Kontext gelernt mit dem folgenden Ziel: Der Lernende erinnert sich an die Verwendung dieser oder jener Vokabel, grammatikalischen Form, syntaktischen Verknüpfung innerhalb von Texten, die er kennen gelernt hat.

Wenn wir das bedenken, können wir verstehen, warum Eselsbrücken, wie oben erwähnt, im Bereich Vokabellernen an ihre Grenzen kommen. Nicht nur die Menge macht es unmöglich, auch der fehlende Kontext, der sich höchstens in kurzen Witzen oder Anekdoten herstellen lässt. Für das Lernen von Vokabeln (und Grammatik) ist immer der Kontext entscheidend, damit die Vokabeln nicht nur effektiv, sondern auch »richtig« gelernt werden.

An dieselbe Grenze stoßen deshalb auch die Sammlungen von Vokabelkarten, die man kaufen kann. Vokabeln mit Hilfe von Karteikarten zu lernen, macht eigentlich nur Sinn, wenn sie anhand eines konkreten Textes angelegt und benutzt werden, weil man sich beim Lernen mit den Kärtchen immer an die Textstelle erinnert, wo eine bestimmte Vokabel in einer bestimmten Bedeutung hingehört.

Ohne Verständnis geht es viel schwerer

Es wurde schon erwähnt, dass Eselsbrücken auch deshalb aus dem Unterricht verschwunden sind, weil sich die Betonung statt auf »nur« auswendig Gelerntes auf Verstandenes verlagern sollte. Man hat zwar dabei das Kind mit dem Bade ausgeschüttet, aber einen wichtigen Zusammenhang doch richtig erkannt: Was man verstanden hat, hat man auch schon gelernt – und das viel besser. Auch Eselsbrücken machen keinen Sinn, wenn man sie nur herunterspult wie ein Papagei (schon wieder wird ein Tier zu Unrecht verunglimpft).

Deshalb ist eine Eselsbrücke, die man sich selbst geschaffen hat, viel wertvoller als alle die in diesem Buch versammelten, die nur Anregung und Beispiele sein wollen für die eigene Kreativität.

Was für den Schulunterricht gilt, hat Bedeutung für jeden Lernvorgang: Nur was man sich selbst erarbeitet, in das man sich hineindenkt, das beherrscht man auch mit dem rationalen Verstand, von dem das bloße Gedächtnis nur ein Teil ist. Welche Methoden hier zum Einsatz kommen, nämlich das Herausarbeiten von Zusammenhängen, das Erstellen von Organigrammen und Diagrammen, wurde schon erläutert.

Zahlen auswendig lernen

Neben den klassischen Eselsbrücken zum Behalten von Zahlen, wie sie oben dargestellt wurden, gibt es noch ganz andere Methoden, wie man sich Zahlen merken kann. Zwei davon sollen hier beschrieben werden, weil man sie in etwa als Eselsbrücken ansehen kann.

Eine der beiden Methoden besteht darin, zunächst jeder Ziffer einen Begriff zuzuordnen, d. h. ein festes Codierungssystem zu bilden und sich dieses einzuprägen. Ein Beispiel finden Sie in der Abbildung:

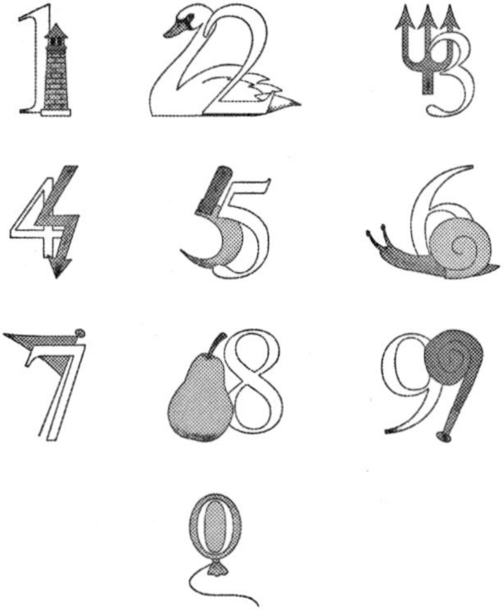

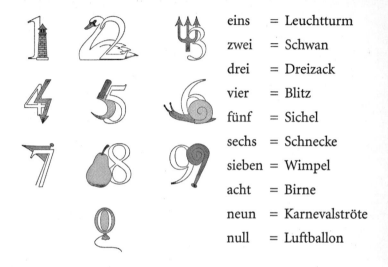

eins = Leuchtturm
zwei = Schwan
drei = Dreizack
vier = Blitz
fünf = Sichel
sechs = Schnecke
sieben = Wimpel
acht = Birne
neun = Karnevalströte
null = Luftballon

Wenn Sie sich nun eine Zahl merken wollen, z. B. eine PIN-Nummer, dann nehmen Sie die entsprechenden Begriffe aus dem System und erfinden damit eine fantastische Geschichte.

Ein Beispiel:

Ihre PIN lautet: 6184

Dann könnte man einen Satz bilden wie:
Eine Schnecke kriecht mühsam die Treppe eines Leuchtturms hinauf, um an eine Birne zu gelangen, aber ein Blitz aus heiterem Himmel wirft sie wieder zurück.

Geht es um längere Zahlenkombinationen können Sie die Begriffe in einem Satz selbstverständlich auch noch mit Mengenangaben kombinieren (»Vier Schnecken … um an drei Birnen …« = 461384), verboten ist gar nichts. Entscheidend ist nur, dass Sie sich die Zahl damit gut einprägen können. Wenn Sie das System ausbauen und jeder Zahl noch weitere Begriffe fest zuordnen, steigen die Möglichkeiten der Geschichtenbildung exponentiell an.

Solange die Begriffe irgendeine Verknüpfung zu der Ziffer haben, die sie symbolisieren sollen, brauchen Sie da auch nicht viel Schweiß in das Erlernen des Systems zu stecken. Das Beispiel in diesem Kapitel können Sie nach kurzer Betrachtung der Abbildung und Durchlesen der obigen Aufzählung vermutlich bereits jetzt auswendig. Aber es ist nur ein Vorschlag, kein System, das Sie so übernehmen müssen.

Dass dieses System mit der Codierung von Ziffern durch Symbole und Begriffe auch bei viel längeren Zahlen als nur vierstelligen PINs funktioniert, werden Sie mit ein wenig Übung schnell feststellen.

Der Trick dabei ist, dass man sich Geschichten, zumal lustiger Art, leichter merken kann. Einzelne Zahlen kann man sich vielleicht noch direkt als Ziffernfolge einprägen, aber je mehr es werden, umso schwieriger wird es. Mit Geschichten ist die Menge der Zahlen, die im Gedächtnis behalten werden können, ungleich viel höher.

Ein anderes System wenden Sie vermutlich bereits unbewusst an, zumindest wenn es um die Eingabe von PIN-Nummern geht, sei es am Bankautomaten oder am Handy. Viele Leute kommen durcheinander, wenn sie ihre PIN-Nummern auswendig aufschreiben sollen. Stehen sie aber vor dem Bankautomaten oder haben sie ihr Mobiltelefon in der Hand, dann geht die Eingabe völlig problemlos vonstatten (solange sie in dem Moment nicht bewusst über die Zahl nachdenken). Es gibt nicht wenige Zeitgenossen, die auf diese Weise viele Telefonnummern auswendig können. Sie verzichten grundsätzlich auf die bequemen Kurzwahlnummern, wenn sie Leute antelefonieren, und haben so die Nummern von Leuten, mit denen sie regelmäßig Verbindung aufnehmen, sozusagen im Finger »gespeichert«.

Dieses Phänomen beruht darauf, dass man sich auch eine Abfolge von Bewegungen merken kann. Das lässt sich direkt an der Tastatur von einem Handy oder PC üben oder auch im Kopf. Letzteres ist sogar noch wirksamer. Stellen Sie sich für eine bestimmte Zahl, die Sie sich einprägen möchten, vor, wie Sie die Ziffern der Reihe nach drücken, und verbinden Sie diese Vorstellung mit der dazugehörigen Person oder Sache.

Ein Problem allerdings existiert, zumindest ein scheinbares Problem, das nur eines ist, solange man sich dessen nicht bewusst ist. Wussten Sie, dass wir es ständig mit zwei ganz verschiedenen technischen Anordnungen von Ziffern zu tun haben? Vergleichen Sie mal den Ziffernblock Ihrer PC-Tastatur oder eines Taschenrechners mit dem eines Telefons oder

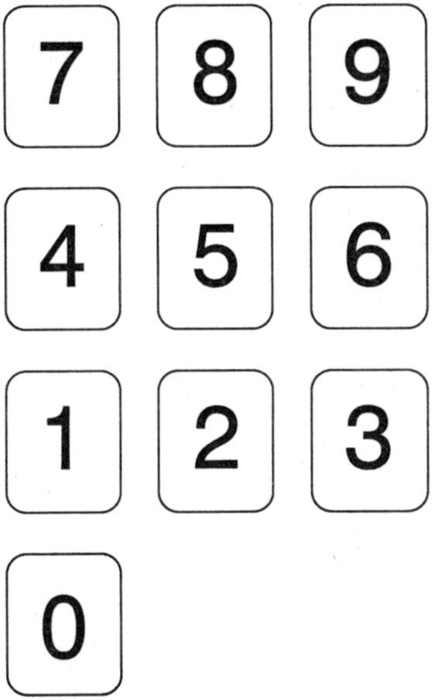

Handys! – Aha? – Viele benutzen beide Systeme problemlos, haben aber bisher den Unterschied noch gar nicht richtig wahrgenommen.

Wenn Sie also das System anwenden, dann müssen Sie sich entscheiden, welche Anordnung Sie benutzen möchten, bzw. Sie können sogar beide Systeme einsetzen, wenn Sie die Zahlen entsprechend aufteilen, also z. B. Telefonnummern und vielleicht auch alles andere, was »persönlicher« oder privater Natur ist, werden im Telefonziffernblock gespeichert, Zahlen aus Bildung und Beruf dagegen nach dem System von PC-Tastatur und Taschenrechner.

Für einzelne Zahlen gibt es noch weitere Tricks:

- Oft ist es schon hilfreich, wenn man die Zahlenfolge in Abschnitte unterteilt. Diese müssen nicht unbedingt gleich lang sein.
  Beispiel: 35466101 ist gut zu unterteilen in:
  »354«, dann der Doppler »66«, dann »101«.

- Beispiel: 3544208 = 354 so merken, dann noch einmal die 4, minus 2 (macht 2), noch einmal minus 2 (macht 0), dann zweimal 4 (macht 8).

- Gelegentlich helfen auch Quersummen weiter, die einem wenigstens helfen, die Korrektheit einer Zahl nachzuprüfen.

- Eine weitere Möglichkeit für einzelne Zahlen:
  Kurze Geschichten um die Nummern herum bilden.
  Beispiel: 3519160 = 35 Kinder gehen zu 1 Eisbude.
  9 wollen Schoko, 1 Karamel, 6 wollen Vanille,
  alle ohne (0) Sahne.

Achtung Falle!

Es gibt aber auch einen Fall, wo man möglichst keine gängige Lernmethode oder Eselsbrücke verwenden sollte: Passwörter! Nicht nur mehr beim Onlinebanking, bei vielen anderen Aktionen verwenden wir – meist selbst definierte – Passwörter. Und hier werden aus Bequemlichkeit die größten Fehler gemacht – und buchstäblich das meiste Lehrgeld bezahlt. Zu einfache Passwörter verursachen größte Schäden für Privatpersonen und Wirtschaftsunternehmen.

Deshalb sollte man beim Bilden von Passwörtern einige der für Eselsbrücken genannten Methoden und Regeln vergessen. In Passwörtern darf keine Regelmäßigkeit vorkommen. Geburtsdatum, Personennamen, Vokabeln aus echten Sprachen, ja sogar alle aussprechbaren Kunstwörter sollten tabu sein.

Im Idealfall werden Passwörter folgendermaßen gebildet (unter der Annahme, dass das Passwort möglichst sicher sein soll):

1. Machen Sie das Passwort so lang wie möglich.
2. Verwenden Sie Groß- und Kleinschreibung gemischt.
3. Verwenden Sie eine Kombination aus groß- und kleingeschriebenen Buchstaben und Ziffern.
4. Verwenden Sie – wenn technisch überhaupt möglich – auch Sonderzeichen (in Kombination mit den in 3. genannten Zeichen).
5. Verschlüsseln Sie die Zeichen persönlich.

Beim Einwand »So ein Passwort kann man sich doch nicht merken!« sei auf die Eingabemethode von Ziffernfolgen hingewiesen, hier ausgeweitet auf die ganze Tastatur mit allen Buchstaben und Sonderzeichen. Wenn Sie so ein ideales Passwort bilden und gut schützen, dann dürfen Sie dieses Passwort auch immer wieder einsetzen, womit Sie es sich doch sehr schnell einprägen und den Notizzettel im Safe veschwinden lassen können – anstatt ihn an den Monitor zu kleben.

Namen merken

Wie peinlich! Man trifft einen Bekannten und kann sich nicht mehr an den Namen erinnern. Gar nicht so selten. Wer aber nun meint, gleich teure Präparate gegen Arterienverkalkung und schlechte Durchblutung des Gehirns kaufen zu müssen, der sollte es erst einmal mit Eselsbrücken versuchen.

Allgemein bekannte Eselsbrücken können natürlich nur berühmte Persönlichkeiten aufführen. Aber für den privaten Bereich gibt es andere Möglichkeiten, sich die Namen von Bekannten einzuprägen. Wenn man sich ein System zulegt, ist das Problem meist schnell beseitigt. Man muss nur erst auf die Idee kommen, überhaupt ein System dafür anzuwenden.

Eine gute Möglichkeit besteht im Anfertigen von Karrikaturen der Gesichter, wobei es gar nicht so wichtig ist, die Person als Portrait zu »treffen«. Der Trick liegt darin, für jede Person im

Kopf jeweils eine eigene Zeichnung parat zu haben, die nur irgendein Merkmal besonders hervorhebt und die mit dem Namen verknüpft ist. Bei dem einen ist es die Nase, beim anderen ein besonderer Zug um den Mund, der Dritte hat eine Eigenart in der Frisur usw. Jeder Spaß ist erlaubt und fördert die Einprägung – solange Sie die Karikaturen für sich behalten, weil nicht jeder Zeitgenosse genügend Humor hat, um dasselbe Vergnügen zu empfinden wie Sie.

Sie können natürlich auch einen Steckbrief für jede Person entwerfen. Wanted! Machen Sie gedanklich oder auch schriftlich Karteikarten, auf die Sie die wichtigsten Merkmale, die man für eine Suchaktion bräuchte, notieren. Treffen Sie diese Person wieder, ist eine peinliche Situation kaum mehr möglich. Wenn Sie dann auch noch vielleicht einige persönliche Infos »notiert« haben und den Bekannten fragen können, wie es seiner dreijährigen Tochter geht, dann machen Sie den besten Eindruck.

Zu viel Arbeit? Hmm. Kommt darauf an, was Ihnen das Ergebnis bzw. die Vermeidung eines Misserfolges wert ist. Hier drückt sich für den Gegenüber gleich zu Beginn eines Gespräches sehr schnell aus, welche Wertschätzung Sie tatsächlich für ihn oder sie hegen – oder auch nicht. Leute, die nur irgendetwas wollen, ohne Interesse an der Person zu zeigen, kommen nicht schneller vorwärts.

Die Sorgfalt fängt bereits beim Kennenlernen an. Nochmals nach dem Namen und seiner genauen Schreibweise zu fragen, dazu den ganzen Vornamen, ist nicht peinlich, sondern signalisiert Interesse. Erhalten Sie eine Visitenkarte, nehmen Sie sich ruhig Zeit, diese zu lesen und daran schlichte Fragen zu knüpfen wie z. B. zum Beruf, zur Arbeitsstelle, zum Wohnort, Familienstand etc. Wenn Sie gleichzeitig Informationen über sich selbst preisgeben, wird das Gespräch nicht einseitig als Ausfragen empfunden.

Am Telefon, zumal über Handy, ist es oft schwierig, einen Namen korrekt zu übermitteln. Benutzen Sie das Telefonieralphabet, um einen Namen Buchstabe für Buchstabe zu wiederholen, während Sie ihn notieren. Das hat noch den schönen Nebeneffekt, dass Sie damit den Eindruck von Professionalität hinterlassen.

	Deutsch	**Englisch**
A	Anton	Andrew
Ä	Ärger	–
B	Berta	Benjamin
C	Cäsar	Charlie
Ch	Charlotte	–
D	Dora	David
E	Emil	Edward
F	Friedrich	Frederick
G	Gustav	George
H	Heinrich	Harry
I	Ida	Isaac
J	Julius	Jack
K	Kaufmann	King
L	Ludwig	Lucy
M	Martha	Mary
N	Nordpol	Nellie
O	Otto	Oliver
Ö	Ökonom	–

P	Paula	Peter
Q	Quelle	Queenie
R	Richard	Robert
S	Samuel	Sugar
Sch	Schule	–
T	Theodor	Tommy
U	Ulrich	Uncle
Ü	Übermut	–
V	Viktor	Victor
W	Wilhelm	William
X	Xanthippe	Xmas
Y	Ypsilon	Yellow
Z	Zeppelin	Zebra

Kombinieren Sie dieses System mit weiteren Merkmalen, z. B. mit der Bedeutung von Vornamen. Praktisch alle europäischen Vornamen haben eine Bedeutung, die auch interessant ist. Wörterbücher und Vornamenlexika geben Auskunft. Allein das Nachschlagen eines Vornamens für eine bestimmte Person hilft Ihnen schon, dass Sie diesen Namen dieser Person dauerhaft richtig zuordnen.

Schreiben und Zeichnen

»Recht-Schreibung« lernt man in allen Sprachen natürlich am besten durch Schreiben. Lesen allein genügt nicht, außer man hat extrem viel Übung bzw. ein fotografisches Gedächtnis. Leider sind gerade das Deutsche und das Englische in Sachen Rechtschreibung viel schwieriger als andere Sprachen. Das lässt sich nicht ändern. Wenn wir hier von »Rechtschreibung« sprechen, die man durch Schreiben lernt und übt, so ist speziell die Schreibung einzelner Vokabeln gemeint, nicht das Regelwerk bzgl. Großschreibung, Getrennt- oder Zusammenschreibung u. v. a.

Auch die neue Rechtschreibung hat bzgl. der Schreibung einzelner Wörter nicht viel vereinfacht und aus Respekt vor der Tradition vieles unangetastet gelassen. Rein logisch könnte man z. B. auf entweder »F« oder »V« verzichten und auch »Fogel« schreiben – die Aussprache ist dieselbe. Die Kennzeichnung »Vogel-V« ist keine lautliche, sondern bezieht sich nur auf den geschriebenen Buchstaben – außer natürlich in Fremdwörtern wie »Vase«, wo das »V« wie »W« gesprochen wird.

Im Englischen ist die Schreibung der einzelnen Wörter allerdings noch extremer. Sie hat durchaus Regeln und kausale Zusammenhänge, die aber eher dem Philologen als Hilfen zur Verfügung stehen als Otto Normalverbraucher. Letzterem bleibt nichts anderes übrig, als die Schreibung vieler Vokabeln einzeln zu lernen und zu üben – durch Schreiben, weil sich so das Schriftbild am besten einprägt.

Konzentrationstraining

Erfolgreiches »Wissen« ist immer das Ergebnis eines Merk- und Lernvorgangs. Die wesentlichen Voraussetzungen wie Umgebung, Zeit und Techniken haben Sie in dieser Einführung kennen gelernt. Zum Schluss sei nochmals auf die Konzentrationsfähigkeit hingewiesen.

Dass Zerstreutheit und ein gutes Gedächtnis nicht zusammenpassen, muss man nicht eigens beweisen. Nur konzentrierte Aufmerksamkeit führt zu schnellen, sicheren und dauerhaften Ergebnissen. Auf die fatalen, weil gegenteiligen Auswirkungen von Fernsehkonsum und Computer- bzw. Videospielen wurde bereits eingegangen. Wie kann man solchen negativen, weil zerstreuenden Einflüssen entgegenwirken, vor allem bei Kindern und Jugendlichen? Am besten durch Spiele, die die Konzentration und andere mentale Fähigkeiten trainieren. Wir meinen damit nicht z. B. Autorennen am Computer oder Jump'n'Run-Spiele an der Videokonsole oder gar Ego-Shooter, die sicher auch eine Art »Konzentration« verlangen, welche aber vom Zeitdruck herrührt, der in diesen Spielen aufgebaut wird. Außer erhöhte Nervosität erntet man bei solchen Spielen nichts, was von Vorteil wäre.

»Echte« Konzentrationsspiele, zu denen wir auch Strategiespiele zählen können, lassen einem Zeit – von Turnierbedingungen wie beim Schach einmal abgesehen. So bieder es klingen mag, die »klassischen« Spiele sind immer noch die effektivsten, wenn es um die Entwicklung und Aufrechterhaltung von geistigen Fähigkeiten geht.

Ein Spiel, das keinen Partner erfordert, sei hier noch erwähnt: Tangram. Es stammt vielleicht nicht zufällig genau aus der Kultur, nämlich der chinesischen, in der man durchschnittlich 4.000 Schriftzeichen kennen muss, um einen normalen Text lesen zu können. Tangram trainiert nicht nur Genauigkeit und Konzentration, sondern vor allem auch die visuellen Intelligenz- und Gedächtnisleistungen.

Lachen ist gesund – auch für das Gedächtnis

Lernen ist meist eine trockene Angelegenheit – zumindest wird es in der Regel so betrieben. Schon im täglichen Schulunterricht darf man sich keine Schnitzer mehr erlauben, weil sich jede falsche Bemerkung gleich negativ auf die Gesamtnote auswirken kann. Ausprobieren, Fantasieren (oder »Brainstorming«) – Fehlanzeige. Nur ja keine Blößen zeigen.
Man braucht sich über ausbleibende Lernerfolge nicht zu wundern, wenn Lehren und Lernen in dieser Form durchgeführt werden.

Demgegenüber hat die Lernpsychologie längst bewiesen, dass Spaß und Späße, komische Einfälle und gute Laune sehr zum Lernerfolg beitragen. Dass Eselsbrücken mit Witz und Spaß mit zu den effektivsten gehören, haben wir oben schon beschrieben. Aber auch trocken aufbereiteter Lernstoff lässt sich schneller und dauerhafter verarbeiten, wenn er von Spaß unterbrochen wird. Das hat nichts mit »Spaßgesellschaft« zu tun, sondern ist eine einfache Methode, die z. B. jeder geschickte Redner anwendet, um die Aufmerksamkeit seiner Zuhörer zu wecken oder aufrecht zu erhalten.

Wir haben deshalb in dieses Buch am Ende jedes Kapitels als Auflockerung eine Seite mit Witzen und interessanten Zitaten eingestreut. Diese kleine Sammlung lässt sich ganz gut im Unterricht, auf Seminaren oder in der Erwachsenenbildung gezielt einsetzen in dem Sinne, dass Lehren und Lernen nicht immer staubtrocken und tierisch ernst ablaufen müssen, wie es sonst oft praktiziert wird.

Viele Zeichnungen in diesem Buch sollen denselben Zweck erfüllen: die Atmosphäre ein wenig auflockern, Wissensstoff nicht immer nur sachlich korrekt abbilden, sondern mit ein wenig »Würze« die fade Suppe fürs Gedächtnis schmackhafter machen.

Geschichte

753 (sieben, fünf, drei) –
Rom schlüpft aus dem Ei.

Oder auf Latein:

Septem quinque tres,
nata Roma es.

Der Sage nach wurde Rom im Jahr 753 v. Chr. gegründet. Die Römer zählten die Jahre allerdings nur selten »ab urbe condita« (»seit der Gründung der Stadt **Rom**«), abgekürzt AUC, weil sie diesem Datum selbst nicht recht trauten. Gebräuchlich dagegen war die Datierung der Jahre nach dem Namen der amtierenden Konsuln. Unsere heutige Zeitrechnung wurde erst im 6. Jahrhundert n. Chr. von einem in Rom lebenden skythischen Mönch namens Dionysius Exiguus eingeführt, der meinte, das Jahr Christi Geburt, also das Jahr 1 unserer Zeitrechnung, falle in das Jahr 753 AUC.

612 (sechs, eins, zwei) und mit Ninive war es vorbei.

Das große assyrische Reich, das sich sogar zeitweise Ägypten einverleibt hatte, wurde in diesem Jahr durch die Eroberung der Hauptstadt Ninive durch die vereinten Kräfte der Babylonier und Meder vernichtet. Fortan war das neubabylonische Reich, vor allem unter dem aus der Bibel bekannten König Nebukadnezar II., die bestimmende Macht im Vorderen Orient, bis Babylon selbst 539 v. Chr. von dem Perserkönig Kyros II. eingenommen wurde.

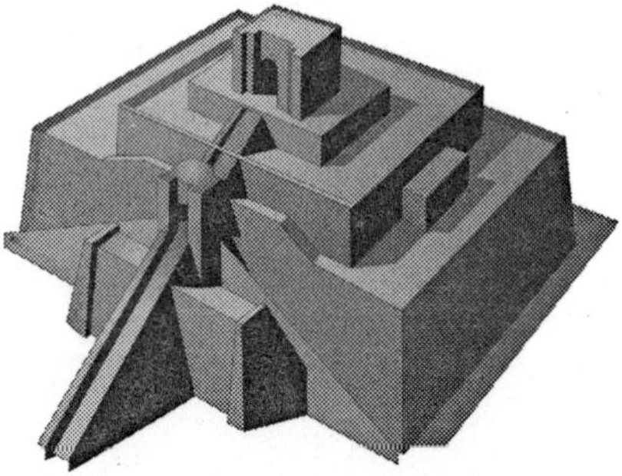

S parta
K orinth
A then
T heben

Die in der klassischen Periode Griechenlands bedeutsamen Staaten.

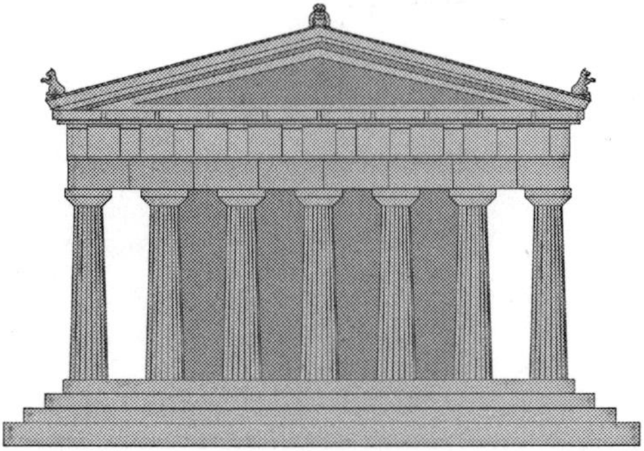

S P A

Sokrates, **P**laton und **A**ristoteles – die drei größten Philosophen des alten Griechenlands – versammelt in dieser Abkürzung, die auch noch die richtige Reihenfolge von Lehrer/Schüler wiedergibt. Platon war ein Schüler Sokrates' und Aristoteles wiederum ein Schüler Platons. Nur Platon und Aristoteles haben allerdings richtige Ideengebäude errichtet, die sich voneinander ziemlich unterscheiden.

333 (drei, drei, drei) – bei Issos Keilerei.

An der kleinasiatischen Mittelmeerküste der heutigen Türkei stießen die Heere Alexanders des Großen und Darius' III. bei Issos aufeinander. Es war die zweite von drei verheerenden Niederlagen, die der persische Großkönig Darius erlitt. Die erste war 334 v. Chr. am Granikos, ebenfalls in Kleinasien, geschehen, die dritte und letzte sollte 331 v. Chr. bei Gaugamela am Tigris folgen.

Vor Christus die Hundert – klein Cäsar wird bewundert.

Dass aus dem am 13. Juli 100 v. Chr. geborenen Knaben etwas werden könnte, war nicht ganz unwahrscheinlich, schließlich stammte er aus dem vornehmen patrizischen Geschlecht der Julier. Welch großen Einfluss er tatsächlich auf den Verlauf der Geschichte nehmen würde, hätte aber damals wohl nur ein echter Prophet voraussehen können.

Mitte März 44 (vierzig und vier) packten Brutus Neid und Gier.

Angeblich zur Rettung der Republik vor den ehrgeizigen monarchischen Plänen Cäsars als Diktator auf Lebenszeit verschworen sich Brutus, Cassius und einige andere zur Ermordung Cäsars, die sie am 15. März 44 v. Chr. vor einer Sitzung des Senats in die Tat umsetzten. Meist wird das Datum als »Iden des März 44« angegeben, wobei »Iden« nichts anderes als der Begriff des römischen Kalenders für die Monatsmitte ist.

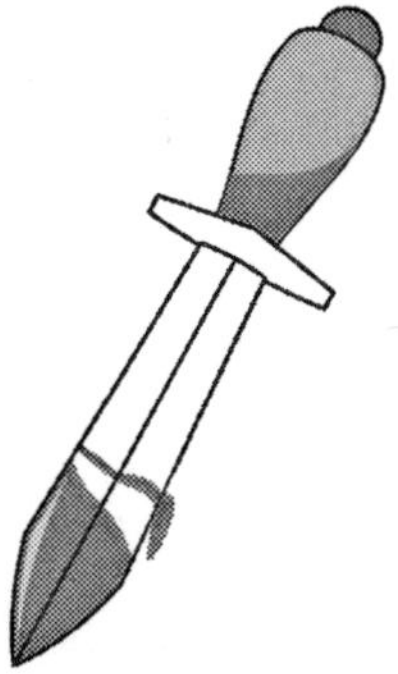

**Armin schlug den Varus richtig –
9 (neun) nach Christus, das ist wichtig.**

Der Cheruskerfürst Arminius hatte selbst das römische Bürgerrecht und die Ritterwürde, beides erworben im Dienst als römischer Militärtribun im Kampf gegen germanische Stämme. Erst durch die unglückliche Politik des kaiserlichen Legaten Publius Quinctilius Varus wurde er zum erbitterten Gegner und organisierte den Widerstand, der in der Vernichtung eines römischen Heeres von etwa 20.000 Mann im Teutoburger Wald gipfelte. Seine Frau war übrigens die berühmte Tusnelda.

476 (vier, sieben, sechs) – und mit Rom war es ex.

In diesem Jahr wurde der nur kurze Zeit regierende Kaiser Romulus Augustulus vom germanischen Befehlshaber seiner eigenen Leibwache, Odoaker, abgesetzt und in die Verbannung geschickt. Das alleine hätte noch nicht das Ende des Weströmischen Reiches bedeutet, war doch der Sturz von Kaisern in der römischen Geschichte nichts Ungewöhnliches gewesen. Aber Odoaker ließ sich vom Heer nicht zum Kaiser, sondern »nur« zum König ausrufen und erkannte den Kaiser des Oströmischen Reiches in Konstantinopel/Byzanz, dem heutigen Istanbul, als obersten Herrn an.

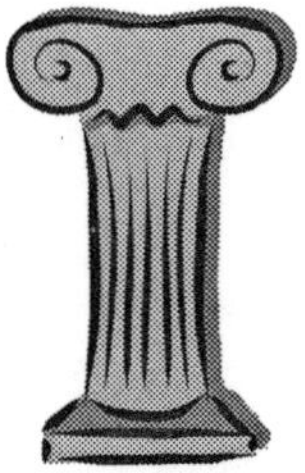

800 (acht, null, null) –
Karl der Große stieg auf den Stuhl.

König der Franken war er schon seit 768, aber zum Kaiser wurde Karl der Große erst an Weihnachten im Jahr 800, als er in Rom durch Papst Leo III. gekrönt wurde.

1291 (zwölf, neun, eins) –
und gegründet ward die Schweiz.

Im Kampf gegen eine weitere Machtausdehnung der österreichischen Habsburger entstand am 1. August 1291 der zunächst lose Zusammenschluss der drei Waldstätten Uri, Schwyz und Unterwalden, die Keimzelle der schweizerischen Eidgenossenschaft.

**Karl der Kühne verlor
bei Grandson das Gut,
bei Murten den Mut,
bei Nancy das Blut.**

Spruch der Schweizer zur Erinnerung an die drei Niederlagen des Herzogs von Burgund, Karl des Kühnen, der sich u. a. Gebiete der schweizerischen Eidgenossenschaft aneignen wollte. Er wurde 1476 bei Grandson und Murten, dann 1477 bei Nancy geschlagen, wo er auch selbst fiel.

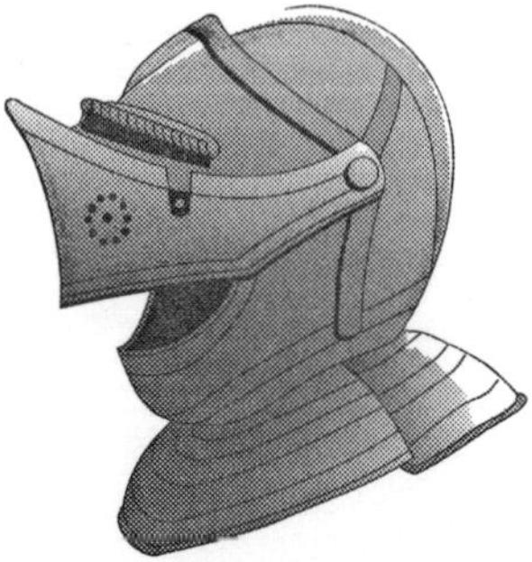

In 1492 (fourteen hundred ninety-two) –
Columbus sailed the ocean blue.

Oder:

Acht vor 1500 (fünzehnhundert) –
Kolumbus wird bewundert.

Am 12. Oktober 1492 landete Christoph Kolumbus nach zweimonatiger Fahrt quer über den Atlantik an der Insel Guanahani (gehört heute zu den Bahamas) und wurde somit zum Entdecker Amerikas. Er selbst glaubte aber bis an sein Lebensende, den direkten Seeweg nach Indien gefunden zu haben.

Arme Armada 1588 (fünfzehn achtundachtzig) – Englands Macht zur See, die macht sich.

Der spanische König Philipp II. versuchte das von Königin Elisabeth I. regierte England zu erobern, aber seine riesige Flotte (Armada) wurde von den Engländern unter der Führung Sir Francis Drakes abgewehrt und durch einen Sturm zum größten Teil vernichtet.

Remember, remember,
the 5th of November,
gunpowder, treason and plot.

Am 5. November 1605 wollte eine Gruppe katholischer Verschwörer (plot) das englische Parlament, House of Lords, mitsamt dem König mit Schießpulver (gunpowder) in die Luft jagen. Das Vorhaben wurde aber durch Verrat (treason) vereitelt. Wenn heute dieser Tag gefeiert wird, weiß man nicht so recht, ob man die Vereitelung des Anschlags und die Rettung des Königs oder den Mut des Verschwörers Gy (Guido) Fawkes feiert, der beim Versuch gefasst und als Hochverräter hingerichtet wurde.

1618 (sechzehnhundert, eins und acht) – der Dreißigjährige Krieg erwacht!

In diesem Jahr begann mit dem berühmten zweiten Prager Fenstersturz der Dreißigjährige Krieg, der vor allem die Länder des heutigen Deutschlands verwüsten und verheeren sollte. Gedauert hat er – schwer zu erraten – bis 1648, beendet durch den so genannten Westfälischen Frieden.

1749 Geburt Goethes
1759 Geburt Schillers
1769 Geburt Napoleons

Die Geburtsjahre dieser drei »Großen« liegen jeweils zehn Jahre auseinander – damit kann man sie sich leichter merken.

1789 (eins, sieben, acht und neun) – Frankreich kann sich freu'n.

Mit dem Sturm der Pariser Bevölkerung auf die Bastille am 14. Juli 1789 begann die Französische Revolution, die nicht nur direkte Auswirkungen auf die weitere Geschichte Frankreichs, sondern ganz Europas und die Unabhängigkeit der Vereinigten Staaten von Amerika haben sollte.

Elba, Rückkehr, Waterloo – dann Helena bis Ultimo.

Der desaströse Feldzug Napoleons gegen Russland im Jahr 1812 war der Anfang vom Ende. Im Jahr 1814 wurde er zur Abdankung gezwungen und auf die Insel Elba verbannt. Von dort kehrte Napoleon nochmals zurück und musste in einer Entscheidungsschlacht bei Waterloo eine erneute Niederlage hinnehmen. Daraufhin wurde er buchstäblich ans Ende der Welt verbannt, nämlich auf die Insel St. Helena im Südatlantik, wo er am 5. Mai 1821 vermutlich an einer Arsenvergiftung starb.

**Bismarck hat ganz unverdrossen
1871 das Deutsche Reich beschlossen.**

Im Spiegelsaal von Schloss Versailles wurde am 18. Januar 1871 von Bismarck die Gründung des Deutschen Reiches unter dem deutschen Kaiser Wilhelm I. proklamiert.

(Otto von Bismarck: 1815–98, Reichskanzler bis 1890; Wilhelm I.: 1797–1888, Preußenkönig ab 1861)

1888 (eins und dann dreimal die Acht) – drei Kaiser waren an der Macht.

1888 war das so genannte Dreikaiserjahr in Deutschland. Am 9. März 1888 starb Kaiser Wilhelm I. im Alter von 91 Jahren. Ihm folgte sein Sohn Friedrich Wilhelm als Kaiser Friedrich III., er starb aber bereits 99 Tage später im Alter von 49 Jahren an Kehlkopfkrebs und hinterließ den Thron seinem 29-jährigen Sohn, dem letzten deutschen Kaiser Wilhelm II. (gestorben am 4. Juni 1941 im Exil in den Niederlanden).

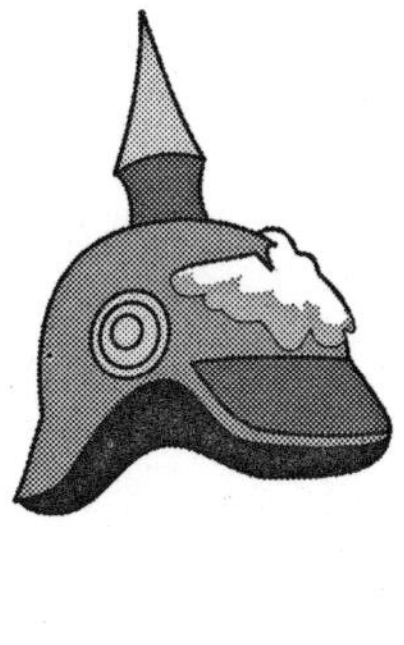

Weltkrieg I (eins) tobte 14 (vierzehn)
bis 18 (achtzehn) –
Deutschland hatte allein das Nachseh'n.

Durch das Attentat von Sarajevo am 28. Juni 1914, bei dem der österreichisch-ungarische Thronfolger Erzherzog Franz Ferdinand von serbischen Nationalisten ermordet wurde, wurde der Erste Weltkrieg ausgelöst, der einen Monat später am 28. Juli 1914 durch die Kriegserklärung Österreichs begann. Er wurde erst vier Jahre später am 11. November 1914 durch den Waffenstillstand von Compiègne beendet. Die Tatsache, dass man dem kapitulierenden Deutschland die alleinige Schuld am Ausbruch des Krieges gab, wurde in der folgenden Zeit vom deutschen Volk als Unrecht angesehen, hat sich aber durch die neuere Geschichtsforschung als weitgehend richtig erwiesen. Kaiser und nationalistische Kreise, inbesondere im Heer, wollten diesen Krieg, um eine deutsche Vormachtstellung zu erringen.

Im Jahre 1949 (neunzehnhundertneunundvierzig) – die neue BRD, die rührt sich.

Seit 1945, dem Ende des Zweiten Weltkrieges und der bedingungslosen Kapitulation, gab es keinen souveränen deutschen Staat mehr. Durch das Inkrafttreten des neuen Grundgesetzes (GG) am 23. Mai 1949 wurde die Bundesrepublik Deutschland geschaffen, die faktisch aber nur aus den drei westlichen Besatzungszonen bestand. Im selben Jahr wurde im Bereich der sowjetischen Besatzungszone die Deutsche Demokratische Republik (DDR) ausgerufen.

Nach 45 (fünfundvierzig) gab's zwei Staaten – die 90 (neunzig) sich wieder zusammentaten.

Die Zustimmung der Siegermächte im Zwei-Plus-Vier-Vertrag vom 12. September 1990 ermöglichte die Wiedervereinigung der seit 1949 getrennten deutschen Staaten BRD und DDR am 3. Oktober 1990 durch den Einigungsvertrag.

WA JE RO LI

Das berühmte in den Fels geschlagene Monument von Mount Rushmore zeigt vier amerikanische Präsidenten, die man sich mit dieser Silbenfolge gut merken kann:
Washington, **Je**fferson, **Ro**osevelt, **Li**ncoln

Das Gedächtnis ist eine gute Tasche; aber sie reißt, wenn man zu viel hineinstopft. (Deutsches Sprichwort)

Ein Kopf ohne Gedächtnis ist eine Festung ohne Besatzung. (Napoléon Bonaparte)

Der Lehrer fragt: »Wenn Goethe noch leben würde, wäre er dann wohl genauso berühmt?« Jens meldet sich und meint: »Noch viel berühmter, denn dann wäre er ja über 200 Jahre alt!«

»Hör mal Junge, als George Washington in deinem Alter war, war er Klassenbester!« – »Ja, Papa, und als George Washington in deinem Alter war, war er Präsident der Vereinigten Staaten von Amerika!«

Deutsch

A, B, C und D: Auf der Wiese wächst der Klee.
E, F, G und H: Viele Hasen sind schon da.
I, J, K und L: Hasen fressen ziemlich schnell.
M, N, O und P: Sie fressen gern den ganzen Klee.
Q, R, S und T: Dann rennen sie zum blauen See,
U, V, W und X: und beim Saufen sind sie fix.
Y und Z: So werden alle Hasen fett.

Das Erlernen der Gestalt der Buchstaben erleichtert man Grundschülern oft z. B. mit einem Tieralphabet (siehe Auszug), für die Reihenfolge gibt es lustige Reime wie den oben aufgeführten.

Wer nämlich
mit »h« schreibt,
ist dämlich.

»Nämlich« kommt von dem Wort »Name«, das ebenfalls ohne h geschrieben wird.

parallel

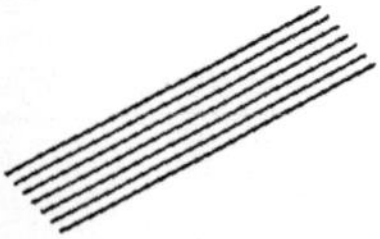

Immer, wenn Sie unsicher sind, an welcher Stelle das Doppel-»l« in diesem Fremdwort steht, platzieren Sie das Wort »alle« hinein.

Die Lärchen sind Bäume, die Lerchen sind Vögel.

Wenn man den Baum meint, dann schreibt man mit »ä« wie in »B**ä**ume«, die Vogelart wird mit »e« wie in »Vog**e**l« geschrieben.

Doppel-»a«, das ist doch klar,
sind in »Waage«, »Haar« und »Paar«.

Aber:

In »klar«,
da stört kein Haar.

Leider kann man sich da gar nicht auf die Aussprache verlassen.

**Den »Tiger« sprich mit langem »i«,
jedoch mit »ie« schreib ihn nie.**

So wie nicht jedes Wort mit langem »a« mit Doppel-»a« geschrieben wird, so auch nicht jedes lang gesprochene »i« mit »ie«.

Nach l, n, r, das merk' dir ja,
steht nie »tz« und nie »ck«.
Nur einer eine Ausnahm' macht,
hast du an Bismarck schon gedacht?

Ist eigentlich eh gar keine Frage, wenn man sich bewusst macht, dass »tz« und »ck« so genannte Doppelkonsonanten sind, die nur nach einem kurzen Vokal stehen können.

Eigennamen wie z. B. »Bismarck« brechen natürlich jede Regel, sind eben »eigen«.

Nimm diese Regel mit ins Bett – nach ei, au, eu steht nie »tz«!

»Heitzen«, »Schnautze« und »schneutzen« liest man nicht nur in Schüleraufsätzen! Warum das falsch sein muss, wurde zur vorhergehenden Eselsbrücke schon erläutert.

Trenne nie »st«, denn es tut ihm weh!

Das war einmal. Diese Eselsbrücke hat lange ihre Schuldigkeit getan, gilt aber seit Inkraftrteten der neuen Rechtschreibung nicht mehr.

Das »s« bei »das« muss einfach bleiben, kannst du dafür »dieses«, »jenes«, »welches« schreiben.

»Das« als Relativpronomen und »dass« als Konjunktion werden leicht verwechselt. Es ist nicht nur eine Frage der Rechtschreibung, sondern erfordert ein Verständnis für den grammatikalischen Zusammenhang eines Satzes, wozu die Eselsbrücke eine Hilfestellung bietet.

Doppel-»s«, das weiß ich jetzt – wird zwischen zweimal kurz gesetzt.

»ss« gibt es nur zwischen zwei kurzen Vokalen wie z. B. in »müssen« bzw. seit der Rechtschreibreform am Ende eines Wortes nach einem kurzen Vokal. Wird Dialekt gesprochen, kann man sich auf die Aussprache nicht verlassen: Eine berühmte Maßeinheit für Bier in Bayern wird zwar mit kurzem Vokal gesprochen, aber laut offizieller Rechtschreibung dennoch mit »ß« geschrieben.

Doppelter Mitlaut im Ohr?
Kurzer Selbstlaut davor!

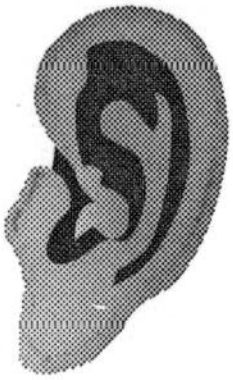

Vor einem doppelten Konsonanten (Mitlaut) wird der Vokal immer kurz gesprochen wie z. B. in »Flüsse«. Praktisch die Umkehrung der vorhergehenden Regel.

Einmal doppelt gemoppelt –
immer doppelt gemoppelt.

Wörter aus derselben Wortfamilie werden gleich geschrieben: rennen, das Rennen, Rennwagen usw.

**Endlich und endgültig
sind am Ende gültig.**

Diese beiden Wörter werden sehr oft fälschlicherweise mit »t« geschrieben.

**Gehört seit zu einer Zeit,
dann sorge nicht mit seid für Heiterkeit.**

Koppelt man »seit« mit »Zeit«, kann man sich den Unterschied zwischen »seit« und »seid« auch merken – denn zu hören ist er nicht!

Du, dir, dich und dein
schreibt man jetzt klein –
Sie, Ihnen und Ihr
aber weiterhin respektier.

Das ist eine Neuerung in der Rechtschreibung, die aber eventuell wieder zurückgenommen wird, weil von vielen »missachtet«: In Briefen und E-Mails schreibt man »du« nicht mehr groß, sondern klein.

»-chen« und »-lein«
machen alle Dinge klein.

Es gibt nicht nur Büch-lein, sondern auch das berühmte Häns-chen in: »Was Hänschen nicht lernt, lernt Hans nimmermehr.« (Außer er hat tolle Merksprüche wie die Unsrigen.)

Aber: Sie werden dennoch großgeschrieben. Durch die beiden Nachsilben kann man erkennen, dass es sich um Namenwörter (Substantive) handelt.

»Gar nicht« schreibt man gar nicht zusammen.

»Auf einmal« schreibt man zweimal.

Wer früher sicher war, ist infolge der Änderungen und Änderungen der Änderungen in jüngster Zeit inzwischen ziemlich verunsichert. Die Sprüche helfen wenigstens bei bestimmten Wendungen.

Wenn man mit »wieder« »noch einmal« meint,
dann sind dort »i« und »e« vereint.
Wenn man mit »wider« aber »dagegen« meint,
dann ist das »e« dem »i« sein Feind.

Oder:

Wieder ist oft widerlich.

»Wieder« und »wider« werden oft verwechselt, kann man aber leicht auseinander halten, wenn man kurz über das damit Gemeinte nachdenkt.

»Vor-« und »ver-«
schreibt jeder Herr
und jede Frau
mit Vogel-Vau.

Die beiden Konsonsanten »F« und »V« werden im Deutschen identisch ausgesprochen, von Fremdwörtern wie z. B. »Vase« abgesehen. Deshalb werden sie zumindest von Grundschülern leicht verwechselt.

Die Regel des Merkspruchs gilt natürlich nur für »vor-« und »ver-« als Vorsilben (Präfixe) und nicht für Bestandteile von Wörtern wie »Fer-se«, »fer-tig« usw.

**Sei nicht dumm und merk dir bloß,
Namenwörter schreibt man groß.**

Alle Substantive, Hauptwörter oder Namenwörter – mit den drei verschiedenen Bezeichnungen ist ein und dasselbe gemeint – werden im Deutschen auch nach der Rechtschreibreform immer großgeschrieben.

**»-heit« und »-keit« und »-ung« und »-schaft«,
»-tum« und »-nis« und »-chen« und »-lein«,
schreibt man groß und niemals klein!**

Eine gute Regel, weil damit klar ist, dass nicht nur Dinge (»Dingworte«), die man anfassen kann, großgeschrieben werden, sondern auch von z. B. Eigenschaftswörtern abgeleitete Substantive wie »zärtlich + keit = Zärtlichkeit«.

Bei »-ig«, »-sam«, »-los«, »-lich«, »-isch«, »-voll«, »-bar«: Adjektive, ist doch klar!

Und Adjektive (Eigenschaftswörter) schreibt man immer klein, außer am Satzanfang natürlich. Man muss aber auch zwischen »-ig« in »Honig« und »-ig« in »mäßig« zu unterscheiden wissen. Das eine gehört zum Stamm des Substantivs, das andere ist eine Adjektivendung, die aus dem Substantiv »Maß« das Adjektiv »mäßig« bildet.

Wer »brauchen« ohne »zu« gebraucht, braucht »brauchen« gar nicht zu gebrauchen.

Diese Regel gilt für »brauchen« in dem Sinne, dass man etwas tun sollte oder müsste, nicht dann, wenn man etwas braucht wie z. B.: »Ich brauche dringend Geld.«

»Wo« hat nur den rechten Stand,
wenn örtlich oder zeitlich angewandt.

»Wo« sollte bei gutem Deutsch nie anstatt des Relativpronomens welcher/welche/welches (»der wo/die wo/das wo«) verwendet werden!

Hat es den Anschein, kann es so sein –
der Schein hingegen legt dich rein.

Oder:

Das scheinbar hör ich weinend –
du meinst gewiss anscheinend.

Mit »anscheinend« verbinden wir die Möglichkeit, dass etwas so oder so sein kann, mit »scheinbar« dagegen etwas Trügerisches.

**Gelitten unter Pontius Pilatus, aber:
geläutet an der Tür.**

»Gelitten« gehört zu »leiden« und »geläutet« zu »läuten«.

**Die Mehrzahl von Azalee ist Azaleen,
die von Kaktus nicht Kaktusse, sondern Kakteen.**

**Das wissen auch die alten Tanten:
Der Plural von Atlas ist nicht Atlasse, sondern Atlanten.**

**Da wo man redet, sagt und spricht,
vergiss die kleinen Zeichen nicht!**

Ist leichter gesagt als getan, zumal dann, wenn die direkte Rede von der Erzählung unterbrochen wird.

**Kannst du sie nicht mit »und« verbinden,
wirst du auch kein Komma finden …**

Wenn mehrere Adjektive zusammenkommen, steht nur dann ein Komma dazwischen, wenn ohne Sinnveränderung auch ein »und« eingefügt werden könnte.

Sie rufen uns laut und deutlich zu:
»Wir heißen a, e, i, o und u!«

Damit lassen sich die Selbstlaute (Vokale) der deutschen Sprache in der Reihenfolge des Alphabets aufzählen.

Begierig, kundig, eingedenk,
teilhaftig, mächtig, voll –
regieren stets den Genitiv,
was jeder sich merken soll.

Nach diesen Adjektiven (Eigenschaftswörtern) folgt bei gutem Deutsch der Genitiv (2. Fall), also z. B. »Er ist voll des Lobes«.

»Aus«, »bei«, »mit«, »nach«, »seit«, »von«, »zu«, kennst du nicht den Dativ, dumme Kuh!

Präpositionen (Verhältniswörter) haben es im Deutschen (aber nicht nur im Deutschen) in sich. Bei diesen steht immer der Dativ (3. Fall), z. B. »Er steigt aus dem Auto«.

**»Mit«, »nach«, »bei«, »seit«, »von«, »zu«, »aus«
sind im dritten Fall zu Haus'.**

Diese Präpositionen ziehen im Deutschen den Dativ (3. Fall) nach sich, z. B. »mit dir«.

**BUF DOG
Bis, Um, Für
Durch, Ohne, Gegen**

Nach diesen Präpositionen folgt im Deutschen immer der Akkusativ (4. Fall), z. B. »Ich habe für dich ein Geschenk«.

»An«, »auf«, »hinter«, »in«, »neben«, »über«, »unter«, »vor« und »zwischen«
kennst du den Akkusativ oder Dativ nicht, werde ich dich erwischen!

Bei diesen Präpositionen (Verhältniswörtern) stehen immer Dativ (3. Fall) oder Akkusativ (4. Fall). Welcher von beiden? Nun, das hängt davon ab, ob eine Bewegung stattfindet oder nicht. Ist z. B. etwas »in dem Haus«, d. h., es ist bereits drinnen, dann steht der Dativ. Wird aber etwas »in das Haus« erst hineinbewegt, dann muss der Akkusativ verwendet werden.

**»An«, »auf«, »hinter«, »neben«, »in«,
»über«, »unter«, »vor« und »zwischen«
stehen mit dem 4. Fall,
wenn man fragen kann »wohin«?**

**– Mit dem 3. steh'n sie so,
dass man nur kann fragen »wo«?**

**Von AUSBEIMIT nach VONSEITZU
fährst immer mit dem DATIV du.**

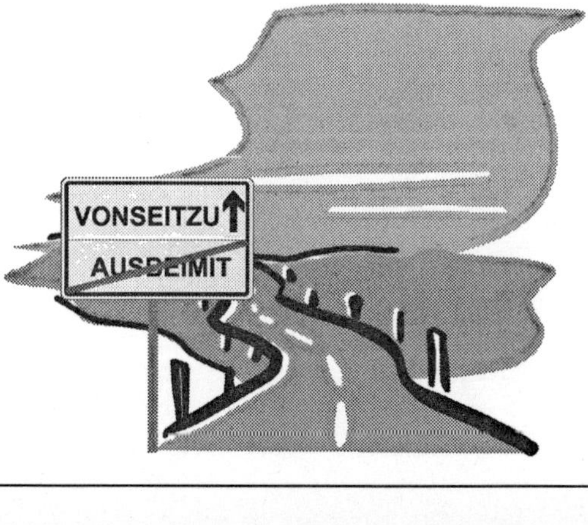

ADUSO –
der Satz bleibt so!

Mit den Konjunktionen **a**ber, **d**enn, **u**nd, **s**ondern und **o**der behält ein Satz die Wortstellung Subjekt-Prädikat bei.

Wie hoch, wie tief, wie lang, wie breit,
desgleichen auch wie weit,
wie lange und wie alt,
im 4. Fall behalt.

»Sie geht jeden Tag zwei Stunden lang im Wald spazieren.«
»Der Supertanker ist 458 Meter lang.«
Solche Angaben stehen im Deutschen – wie auch im Lateinischen – immer im Akkusativ.

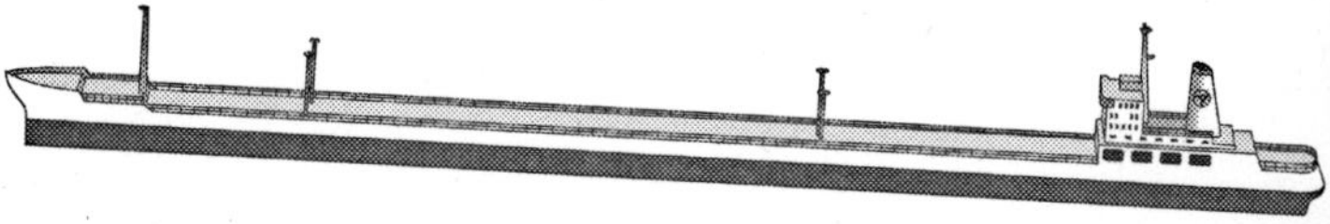

»Macht« und »tut«
sind selten gut!

In Aufsätzen sollte man schon etwas abwechslungsreichere Tätigkeitswörter (Verben) einsetzen als nur »machen« und »tun«.

Steht im Satz »ist« allein,
setz dafür doch ein Zeitwort ein!

Auch Sätze mit »ist« garantieren gähnende Langeweile.

Gib zuerst das Thema an,
die Erklärung folge dann.
Weiter muss man gut begründen
und den Gegensatz erfinden.
Ein Vergleich erfolgt im Nu,
und das Beispiel kommt dazu.
Mit dem Zeugnis wird belegt,
dass zum Schluss sich Beifall regt.

Die Gliederung der antiken Rhetorik ist auch heute noch ein erfolgreiches Muster für Reden oder Aufsätze:

(1) Thema,
(2) Erklärung,
(3) Begründung,
(4) Gegensatz,
(5) Vergleich,
(6) Beispiel,
(7) Zeugnis und
(8) Schluss.

Die wichtigsten Fragen findest du mit W plus a, e, i, o, u.

Für die Aufzählung der Vokale gibt es einen eigenen Merkspruch (siehe oben). Dieser hier kombiniert sie mit den Grundfragen, die man beachten sollte. Das ist genauso wichtig bei einer knapp, aber dann erst recht präzise abzufassenden Unfallmeldung wie bei einem ausführlichen Bericht:

WA: W**a**s? W**a**nn?
WE: W**e**r?
WI: W**i**e?
WO: W**o**?
WU: War**u**m? Unter welchen **U**mständen?

VASE = ZEHE = TWEN

VASE	ZEHE
Verb	**Z**eitwort
Adjektiv	**E**igenschaftswort
Substantiv	**H**auptwort
Eigenname	**E**igenname

TWEN
Tuwort
Wiewort
Eigenname
Namenwort

Die grammatikalischen Begriffe sind nicht leicht auseinander zu halten und einander gegenüberzustellen. Diese Eselsbrücke hilft bei den Gleichsetzungen.

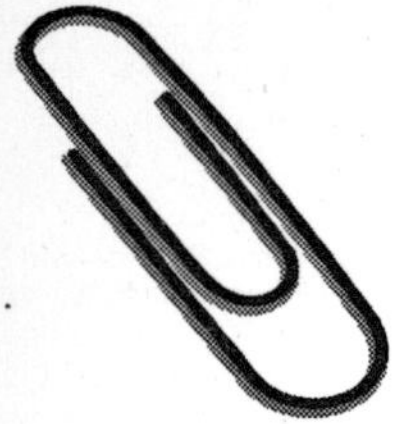

Alles Gescheite ist schon gedacht worden; man muss nur versuchen, es noch einmal zu denken. (Johann Wolfgang v. Goethe)

Worüber wir nicht ernsthaft nachgedacht haben, das vergessen wir bald. (Marcel Proust)

Zwei Lehrer sitzen im Restaurant und studieren die Speisekarte. »Haben Sie schon etwas gefunden?«, fragt die Bedienung. »Ja«, meint einer der beiden, »sieben Rechtschreibfehler!«

Die Lehrerin lässt einen Aufsatz schreiben. Thema: Wie habt ihr eure Sommerferien verbracht? Als sie zu Hause das erste Heft öffnet, liest sie: »Danke, gut. Und Sie, Frau Lehrerin?«

Englisch

Choose, chooses an o –
lose, loses an o.

Hier hilft die Bedeutung der Verben (choose = wählen/sich etwas nehmen; lose = verlieren/etwas ablegen) bei der korrekten Schreibung von zwei relativ gleich lautenden Wörtern.

Only Cats' Eyes Are Narrow.

Die Anfangsbuchstaben ergeben die korrekte Schreibung von:

OCEAN

A Rude Girl Undresses; My Eyes Need Taping!

Die Anfangsbuchstaben ergeben die korrekte Schreibung von:

ARGUMENT

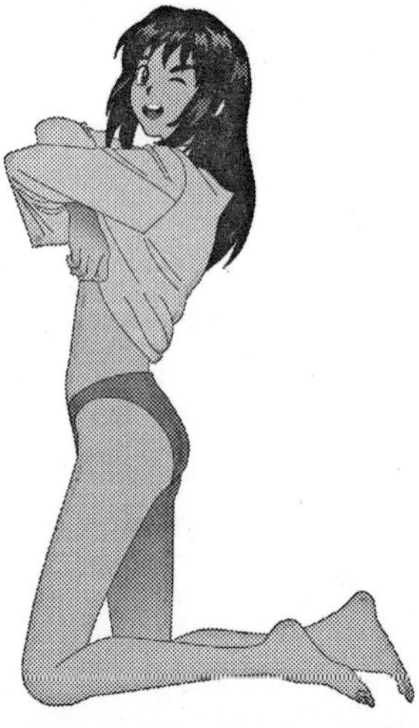

Not Every Cat Eats Sardines – Some Are Really Yummy.

Die Anfangsbuchstaben ergeben die korrekte Schreibung von:

NECESSARY

Rhythm Helps You Two Hips Move.

Die Anfangsbuchstaben ergeben die korrekte Schreibung von:

RHYTHM

General Eisenhower's Oldest Girl
Rode A Pony Home Yesterday.

Die Anfangsbuchstaben ergeben die korrekte Schreibung von:

GEOGRAPHY

A Rat In The House May Eat
The Ice Cream.

Die Anfangsbuchstaben ergeben die korrekte Schreibung von:

ARITHMETIC

<u>B</u>ig <u>E</u>lephants <u>C</u>an <u>A</u>lways <u>U</u>nderstand <u>S</u>mall <u>E</u>lephants.

Die Anfangsbuchstaben ergeben die korrekte Schreibung von:

BECAUSE

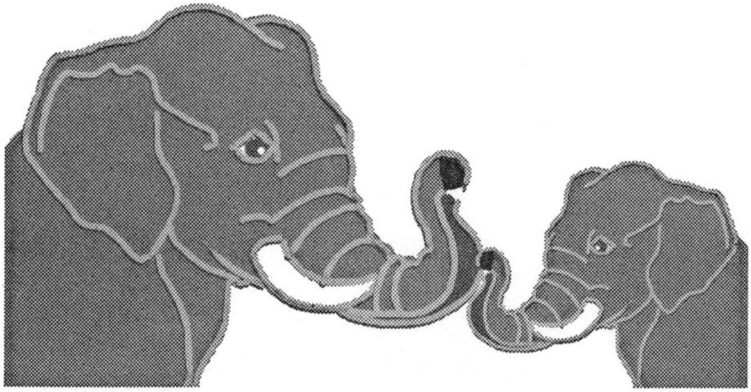

»I« before »e«, except after »c«.
Or when sounded »a« as in neighbo(u)r and weigh.
And weird is just weird.

Das hilft bei der korrekten Rechtschreibung von Wörtern wie z. B. »receive« und »neighbo(u)r«. Aber leider gibt es da auch wieder Ausnahmen wie »weird«.

Desert has one sugar, Dessert has two.

Ist schon ein gewaltiger Unterschied zwischen Wüste und Nachtisch, den hier im Englischen ein einziger Buchstabe ausmacht.

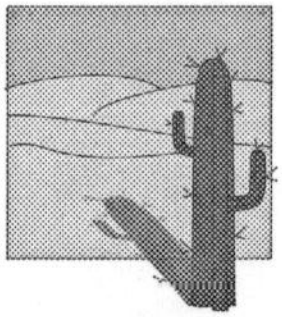

We hear with our ear.

Damit kann man »hear« (= hören) und »here« (= hier) eigentlich nicht mehr verwechseln. Die Verbindung ist die fast identische Schreibung von »hear« und »ear«.

A son is a boy?

Auch dieses Wortpaar wird gleich ausgesprochen son/sun. Die Eselsbrücke ist das »o« in s**o**n und b**o**y.

You have one collar on your shirt but you wear two socks:
necessary

Manchmal ist es schon tröstlich zu wissen, dass auch native speakers Probleme mit der englischen Rechtschreibung haben – sonst hätten sie keine Eselsbrücken im Einsatz.

When you are embarrassed, you go really red.

Das Wort »embarrassed« schreibt man mit zwei »r« (und zwei »s«).

Did plus Grundform ist die Norm,
nach did steht nie ’ne past-tense-Form.

Nach »did« steht nie eine andere Form eines Verbs als die Grundform, z. B.: »Did he eat?«

Lassen sich die Nomen zählen?
Many wählen!

Zählbaren Nomen muss »many« vorangestellt werden. Ansonsten ist »much« die bessere Wahl. Im Deutschen ist der Unterschied ähnlich: »viel Zucker«, aber »viele Äpfel«.

He, she, it –
das »s« muss mit.

Oder:

He, she, it –
No »s« is shit.

Bei der 3. Person Singular des simple present erhalten die Verben ein »s«, eines der wenigen Überbleibsel des ursprünglich ähnlich umfangreichen Formenbestandes wie im Deutschen oder Lateinischen.

Beispiel: »He drives a car.«

Eine Ausnahme ist jedoch zum Beispiel »can«, das in der 3. Person Singular ohne »ss« gebildet wird.

With »who« never »to do«.

Man muss zwischen Alternativfragen und Wortfragen unterscheiden. Alternativfragen werden in der Regel mit »do« umschrieben: »Do you want a beer?« Wortfragen werden dagegen mit who, where u. a. Fragewörtern eingeleitet und nicht mit »do« formuliert: »Who will go with us?«

SPOMPT

Die Wortstellung ist im Englischen sehr wichtig und viel strenger als in Sprachen, in denen es mehr Formen gibt, die die Zusammenhänge im Satz anzeigen.

Die normale Wortstellung im Englischen ist:

Subject	Satzgegenstand
Predicate	Satzaussage
Object	Satzergänzung
Manner	Art und Weise
Place	Ort
Time	Zeit

Was machen wir alle Tage? »simple present«, keine Frage!

Bei simple present werden oft die Signalwörter »always«, »usually«, »normally« verwendet.

Yesterday, ago und last
erfordern stets das simple past.

Oder:

Yesterday, ago and last
always want the simple past.

Oder:

With yesterday, ago and last
you should always use the simple past.

»Yesterday«, »ago« und »last« sind Signalwörter für abgeschlossene Handlungen in der Vergangenheit: »Yesterday I had breakfast at seven o' clock.«

Ever, never, yet, so far – present perfect, ist doch klar!

Diese Signalwörter werden mit present perfect gebraucht: »I have never been to Russia.«

Wenn falls du setzen kannst, in Englisch if du nehmen darfst.

»If« und »when« werden von Englischlernern oft verwechselt. Die Eselsbrücke hilft weiter: Kann man in einem Satz das deutsche »wenn« durch »falls« ersetzen, dann wird das englische »if« verwendet. Gemeinsam ist beiden Konjunktionen das »f«.

Es pluralt ja der Englischmann
mit schlichtem »s«, solang er kann.
Dem Zischlaut nur tut's »s« so weh,
drum dann im Plural nimm ein »e«.

Und als Exempel merke dir
die folgenden Vokabeln hier:
match and matches,
glass and glasses,
box and boxes,
watch and watches.

**Wenn es sich um den Plural handelt,
wird »y« in »ie« verwandelt,
aber nach a, e, o und u
bleibt das »y« in Ruh'.**

Und als Beispiel merke dir
die folgenden Vokabeln hier:
story and stories,
baby and babies –

aber:

toy and toys,
day and days.

Ehefrauen und auch Messer finden »v« im Plural besser.

Ein sehr eingängiger Merkspruch für die Pluralbildung von:

»wife« → »wives« und »knife« → »knives«.

Nach he and she
das »s« summt sacht' und lange,
nach it hingegen zischt's
wie eine Schlange.

Es handelt sich um die Abkürzungen von »he is«, »she is« and »it is« zu »he's«, »she's« und »it's«, die sich in Länge und Stimmhaftigkeit unterscheiden.

»Laundry« is Wäsche,
ein Seil is a »rope«,

»wash« that means waschen,
und Seife is »soap«.

»Collar« means Kragen,
ein Hemd is a »shirt«,

»clean« that means sauber,
Schmutz, that is »dirt«.

»Iron« means bügeln,
und trocken is »dry«,

»Stockings« are Strümpfe,
und färben is »dye«.

Sometimes, always, never und just,
stets nur vor das Zeitwort passt.

Diese Adverbien sind zwar eine Art Zeitangabe, aber dennoch stehen sie trotz SPOMPT vor der Satzaussage:
»He always works at home.«

Since kommt auf den i-Punkt,
for dehnt sich im Raum des o.

Mit »since« wird ein bestimmter Zeitpunkt angesprochen, seit dem etwas geschieht oder gilt.
Mit »for« bezieht man sich auf einen Zeitraum, währenddessen etwas geschieht oder gilt.
Z. B. »She has been in Italy since last year.« → »She has been in Italy for a long time.«

yesterday = gestern
tomorrow = morgen

Diese Eselsbrücke wendet man meist beim Englischlernen unbewusst an, ohne daran zu denken, dass die beiden Wörter durch die Verwandtschaft des Englischen mit dem Deutschen tatsächlich gleichen Ursprungs sind.

Ow, das »y« ist le-er!

Adjektive mit den Endungen, die in dieser Eselsbrücke aufgezählt werden, werden germanisch gesteigert:
sl**ow**, slow**er**, slowest
craz**y**, crazi**er**, craziest
simp**le**, simpl**er**, simplest
clev**er**, clever**er**, cleverest

who = Person
which = Ding

Diese beiden Fragewörter bzw. Relativpronomen werden gerne verwechselt. Aber: »who« bezieht sich nur auf Personen, »which« dagegen auf Dinge und Tiere, die im Englischen grammatikalisch zu den Dingen gezählt werden. Z. B. »The woman who …«, aber »The book which …«.

The question »who?« – the answer »you«.
The question »where?« – the answer »there«.

Dadurch, dass »where« dem deutschen »wer« und »who« dem deutschen »wo« ähnlich klingen, werden sie sehr oft verwechselt.

Sagt ein Gast zum Kellner, nachdem er schon eine Stunde auf sein Essen gewartet hat:
»When will I become the beefsteak?«
»Never, I hope, Sir.«

Diese Eselsbrücke in Form eines Witzes wird seit Jahrzehnten in den Schulen erzählt – mit Recht, meinen wir doch gerne, dass »become« ähnlich dem Deutschen »bekommen« wäre. Stattdessen heißt es »werden«; bekommen dagegen »get«.

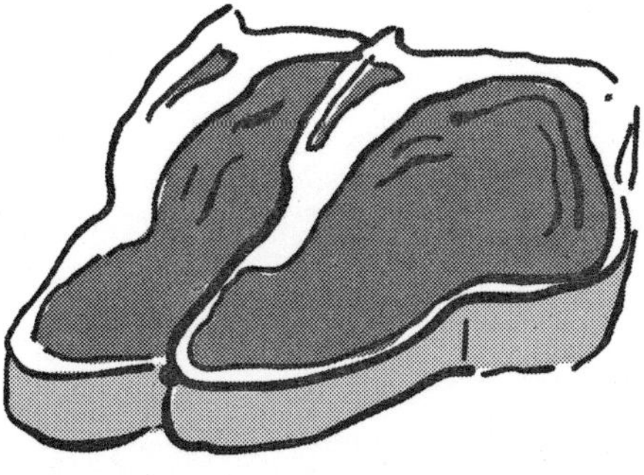

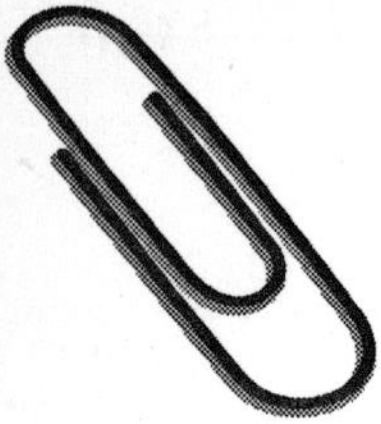

Wir lernen aus Erfahrung, dass die Menschen nichts aus Erfahrung lernen. (George Bernard Shaw)

Lernen ist wie Rudern gegen den Strom: Sobald man aufhört, treibt man zurück. (Benjamin Britten)

Der Direktor zu seiner bezaubernden Sekretärin: »Ihre Briefe werden von Woche zu Woche besser. Der Tag ist nicht mehr fern, an dem wir einen abschicken können!«

Der Deutschlehrer fragt den Hans: »Was ist es für ein Fall, wenn jemand sagt: ›Ich gehe gerne zur Schule?‹« – »Ein Fall für den Psychiater, Herr Lehrer!«

Französisch

Auf dem »où« als »wo«
sitzt ein kleiner Floh.

Oder:

Auf der Oder (ou) schwimmt kein Graf (grave).

Oder:

Auf der Oder (ou) schwimmt kein Balken.

Oder:

Der Accent grave steht »wo«?
Auf dem »où« als »wo«.

Nur der kleine Accent grave, also das nach links geneigte Akzentzeichen, unterscheidet diese beiden Wörtchen: »ou« = »oder«/»où« = »wo«.

Vor e und i sprich »sche« und »schi«,
vor a, o, u sprich »ga«, »go« und »gu«.

Die Aussprache des »g« hängt im Französischen vom folgenden Vokal ab. Folgt ein e oder i wie z. B. in »collège«, dann wird das »g« als stimmhaftes »sch« gesprochen, ansonsten als »g« wie z. B. in »garçon«.

Vor o, u, a, lautet »c« wie »k«.
Hängt man eine Cedille dran,
nimmt es gleich den »s-Laut« an.

Das Cedille war ursprünglich ein kleines »s«, das unter das »c« gesetzt wurde, wenn dieses wie ein »s« ausgesprochen werden sollte. Im Laufe der Jahrhunderte wurde es verkürzt zu einem kleinen Häkchen: »ç«.

Toujours a toujours un »s«.

Dieses Wort hat am Ende immer ein nur geschriebenes »s«, das leicht vergessen wird, weil es nicht gesprochen wird.

Es gibt kein »lui le« und kein »leur le«;
denn das tut weh dem Öhrle.

Oder:

(...)
sonst gibt's was mit dem Röhrle.

Treffen die Personalpronomina »lui« und »leur« (Dativ) mit den Akkusativen »le«, »la« und »les« zusammen, heißt es nicht z. B. »lui la«, sondern »la lui«: »Il la lui donne.«

»À« und »le«, oh welch ein Graus – mach »au« daraus!

Hier verhält es sich ähnlich wie in der vorhergehenden Regel: Trifft ein »à« mit »le« zusammen, wird es zu »au«.

Wer »à le« sagt und »de le«, hat Falsches in der Kehle.

Warum? »À le« wird zu »au« und »de le« wird zu »du«.

Griechenland hatte eine Maria Callas.

Man schreibt »turque« als feminine Ableitung von »turc« ohne c, aber »gre**c**que« als feminine Ableitung von »grec«.

**Männlich ist die Endung »age«,
ausgenommen sind l'image,
und la plage, la rage, la cage.**

**Feminina kennt man schon
an der Endung »eur« und »son«;
auch die Endung »ée« und »té«
meist als weiblich man anseh'.**

Das Französische kennt zwar nur zwei Genera, aber die sind wie im Deutschen als grammatikalisches Geschlecht oft nicht logisch. Wie im Lateinischen helfen teilweise die Endungen weiter – mit ziemlich vielen Ausnahmen.

Le bœuf – der Ochs,
la vache – die Kuh,
fermez la porte – die Tür mach zu.

À Paris, à Paris,
sur mon petit cheval gris,
à Rouen, à Rouen
sur mon petit cheval blanc.

»À« wird oft benutzt, um die Richtung anzuzeigen. »Rouen« wird am Ende wie »blanc« gesprochen.

»Se coucher« heißt: zu Bette gehn,
»se lever« heißt: früh aufstehn,
»se fier à« heißt: einem traun,
»se défier de« heißt: weckt Mißtraun.

**Voulez vous Kartoffelsupp
avec verbrannte Klöß?
Non, monsieur, je danke vous,
je n'ai pas appétit dazu.**

Flotter Vierzeiler, mit dem man sich gängige Wendungen wie z. B. »voulez vous …« (wollen Sie …) oder »je n'ai pas …« (ich habe nicht …) merken kann.

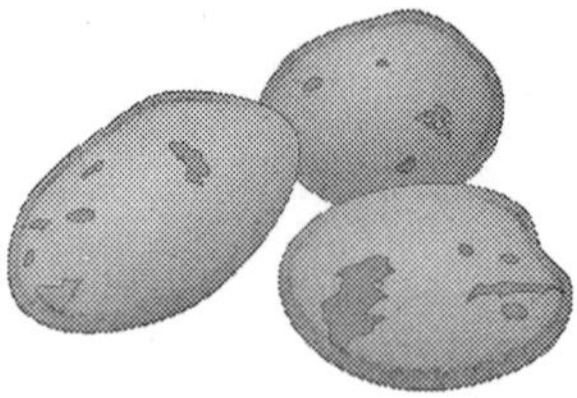

**Ihr seid – vous êtes,
sie sind – ils sont,
der Kreis ist rund –
le cercle (est) rond.**

Un, deux, trois,
je m'en vais au bois,
quatre, cinq, six,
cueillir des cerises.

Diese Eselsbrücke ist ein bekannter Reim, um die ersten Ziffern im Französischen zu lernen.

Im »hôtel« findet man Betten zum Pennen,
im »hôtel de ville« nur Beamte, die pennen.

»Hôtel de ville« ist das Rathaus, das in kleineren Orten aber »mairie« heißt.

Der Verstand und die Fähigkeit, ihn zu gebrauchen, sind zwei verschiedene Gaben. (Franz Grillparzer)

Nichts können ist keine Schande, aber nichts lernen. (Deutsches Sprichwort)

Kommt der kleine Peter aufgeregt nach Hause: »Ein Skandal! Ich bin abgehört worden. Und das von meinem eigenen Klassenlehrer!«

Der Sprössling kommt von der Schule heim. Fragt ihn die Mutter: »Na, warst du heute schön artig?« – »Klar doch, was kann man denn schon Großartiges anrichten, wenn man den ganzen Tag in der Ecke stehen muss?«

Italienisch

Geburt ist nascita, der Tod ist la morte;
dazwischen la vita – die wichtigsten Worte!

Vielleicht ist »dolce vita« noch wichtiger.

Ieri war gestern, oggi ist heut',
domani heißt morgen und tempo die Zeit.

**Liest du den Liebesgott verkehrt,
wird seine Hauptstadt dir beschert.**

Liest man »amor« rückwärts, dann erhält man den italienischen Namen Roms: Roma.

Auf qui und auf qua, l'accento non va.

»Qui« und »qua« werden ohne Akzente geschrieben.

Der Perfekte muss lernen, wie man einen Fehler macht. (Rupert Schützbach)

Ein gutes Beispiel ist der beste Lehrmeister. (Deutsches Sprichwort)

Lehrer: »Paulchen, was versteht man unter einer Bahnunterführung?« – »Wenn gerade ein Zug darüber fährt, kein Wort!«

Peter kommt von der Schule nach Hause und knallt sein Hausaufgabenheft auf den Tisch. »Papa, du sollst den Mist noch einmal schreiben und morgen eine Stunde nachsitzen!«

Latein

Nach si, nisi, ne, num, quo, quanto, ubi, cum fällt unser ali um.

Das unbestimmte Fürwort »aliquis/aliquid« (irgendwer/irgendetwas) verliert nach diesen Konjunktionen die Vorsilbe »ali« und kann dadurch leicht mit »quis/quid« (wer/was) verwechselt werden.

Ut und ne und quo und quin nehmen Coniunctivum hin.

In Nebensätzen, die mit den Konjunktionen »ut«, »ne«, »quo« oder »quin« eingeleitet werden, muss das Verb im Konjunktiv stehen.

A und ab und ex und de,
cum und sine, pro und prae
ich beim Ablativ nur seh.

Es gibt im Lateinischen Präpositionen wie z. B. »in«, die je nach Bedeutung sowohl den Akkusativ als auch den Ablativ hinter sich haben können. Die hier genannten Präpositionen stehen aber immer nur vor einem Nomen im Ablativ.

Bei kleinen Inseln, Städtenamen,
– nicht schwer zu erahnen –
denn ihr wisst schon,
steht nie die Präposition.

Bei der Nennung von Städten und kleinen Inseln werden keine Präpositionen gebraucht. Also z. B. »Romae« = »in Rom« und nicht »in Romā« oder »Romam« = »nach Rom« und nicht »in Romam«.

**Des Bieres kundig eingedenk
war er teilhaftig mächtig voll:
begierig, kundig, eingedenk,
teilhaftig, mächtig, voll,
man stets nur mit dem Genitiv
konstruieren soll.**

Bei den Adjektiven »cupidus« (begierig), »peritus« (kundig), »memor« (eingedenk), »particeps« (teilhaftig), »potens« (mächtig) und »plenus« (voll) steht die Angabe des Objektes immer im Genitiv. Also z. B. »gloriae cupidus« = »ruhmsüchtig«.

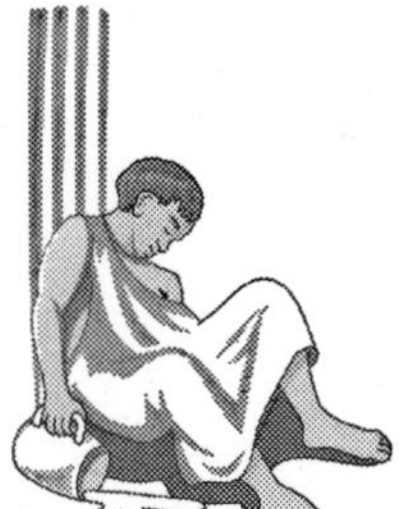

Haben, halten und erkennen,
wählen, machen und ernennen,
ferner nennen und erklären,
dazu sich zeigen und bewähren
konstruiere im Aktiv
zweimal mit Akkusativ.

Diese Verben haben in der Regel sowohl ein Objekt als auch ein Prädikatsnomen, z. B.: »aliquem consulem designare« = »jemanden zum Konsul ernennen« oder »se fidem praebere« = »sich als treu erweisen«.

In passivischer Konstruktion wird der doppelte Akkusativ dann zum doppelten Nominativ: »aliquis consulis designari« = »jemand wird zum Konsul ernannt«.

Magni, pluris, plurimi,
parvi, minoris, minimi,
tanti, quanti, nihili
sind für die Menge,
vergiss das nie!

»Plus« und »minus« sind die Komparative der Gegensätze »magnus« (groß) und »parvus« (klein).

»Tantum« (so viel), »quantum« (wie viel) und »nihil« (nichts) beziehen sich auf Mengen.

-i, -o, -um
bilden das Gerundium.

Beispiel:

Nominativ	laudare
Genitiv	laudandi
Dativ	laudando
Akkusativ	ad laudandum
Ablativ	laudando

Der ist dumm, der bei sum* setzt das Adverbium.

Bei der Unterscheidung zwischen Adjektiv und Adverb tun sich oft gerade Deutsche schwer, weil der Unterschied in dieser Sprache rein formal nicht erkennbar ist, wenn das Adjektiv prädikativ verwendet wird: »Das Brot ist gut« (gut = Adjektiv). – »Das Brot schmeckt gut« (gut = Adverb). In anderen Sprachen wie im Lateinischen muss in diesem Fall zwischen »bonus« und »bene« klar unterschieden werden.

* »ich bin«, 1. Person Singular Präsens von »esse«

Wer das Genus wissen mag
erst nach der Bedeutung frag!

Die Männer, Völker, Flüsse, Wind'
und Monat' Masculina sind.

Die Frauen, Bäume, Städte, Land'
und Inseln als Feminina sind benannt.

Was nicht Frau ist und nicht Mann,
das sieht man als Neutra an.

**Kann die Bedeutung dir nicht zeigen,
welch Genus einem Wort zu Eigen,
nach der Endung schau schnell hinten –
und das Genus wirst du finden.**

Genus, a-Deklination

Bei -a und -ae der Ersten hat
das Genus femininum satt.

Oder:

Das Wort, das nach der Ersten geht,
Genus femininum steht.

Genus, o-Deklination

-er, -ir und -us sind mascula,
-um steht allein als Neutrum da.

Männlich sind – leicht merk ich's mir –
die auf -us
und -er und -ir.
Neutra sind hinwiederum
alle jene dann auf -um.

Genus, o-Deklination, Ausnahmen

**Land, Baum, Insel, Stadt auf -us
als weiblich man sich merken muss,
genauso das Wort humus.**

Substantive der o-Deklination auf -us und -er sind normalerweise Maskulina, die auf -um sind Neutra.

Die Eselsbrücke fasst zusammen, welche Kategorien von Substantiven dagegen Feminina sind, z. B. »Aegyptus, -i«, »fagus, -i« (Buche), »Rhodus, -i«, »Corinthus, -i«.

Neutra sind die Wörter »vulgus, -i« (Volk, Menge, Masse) und »virus, -i« (Schleim, Gift).

**Als weiblich humus merk als -us,
als sächlich vulgus, virus und pelagus.**

Genus, konsonantische Deklination

Die -or und -er sind Masculina,
die -o, -s, -x sind Feminina,
die übrigen sind Neutrius,
dazu mit Stamm-End-r die -us.

Während die a- und die o-Deklination im Lateinischen es uns – von wenigen Ausnahmen abgesehen – ziemlich leicht machen, das grammatikalische Geschlecht zu bestimmen, bereitet die konsonantische Schwierigkeiten. Aber auch hier gibt es Regeln, wie beispielsweise diese Eselsbrücke.

Maskulinum

Die Ohren der Männer sind
größer als die der Frauen.

Brauch männlich die auf -or, -os, -er
und -es Ungleichsilbiger.

Brauch männlich die auf -er, -or, -os
zum Beispiel agger, labor, flos.

Bei -or, -os, -er, dann wird's recht,
setz stets das männliche Geschlecht!

Maskulinum, Ausnahmen

Neutra sind auf -or
marmor, aequor, cor;
feminini generis
ist nur arbor/arboris.

Feminina sind auf -os
nur die beiden cos und dos;
os/oris, der Mund, os/ossis, das Bein,
müssen immer Neutra sei.

Neutra merke vier auf -er:
cadaver, iter, uber, ver.
Von Gleichsilbigen auf -es
ist eines Neutrum, nämlich aes;
als weiblich aber merke man
sich merces, seges, quies an.

Femininum

Die -o, -as, -aus, die -x und -is,
-es und parisyllabis
und -s, vor dem ein Konsonant,
als Feminina sind bekannt.

-s oder -x, davor ein Konsonant,
sind uns als Weibliche bekannt!

Die -io, -tio, -tudu, -tas und -tus
als weiblich man sich merken muss.

Als feminini generis
gebrauch ein Wort auf -aus und -is;
wenn Konsonant vor End-s steht
und wenn's auf -as, -x, -o ausgeht;
auf -es, wenn gleich die Silbenzahl
im ersten und im zweiten Fall.

Femininum, Ausnahmen

Masculini generis
sind sermo, ordo/ordinis.

Als Maskulinum merk auf -as
as/assis und als Neutrum vas.

Als männlich merke die auf -ex,
doch weiblich preces, lex und nex.

Merk männlich die auf -nis und -guis,
auch collis, fascis, lapis, ensis
orbis, piscis, pulvis, mensis.

Männlich merke fons,
dens und mons und pons.

Masculini generis
sind die Wörter all auf -nis
und collis, ensis, fascis, fons,
mensis, orbis, piscis, mons,
imber, neuter, dens und pons.

Neutrum

Die -a, -e, -c,
die -l, -n, -t,
die -ar, -ur, -us
sind neutrius.

Neutrum, Ausnahmen

Als männlich brauche überall
mus, lepus, vultur, sol und sal;
doch weiblich alle sonst auf -us,
bei denen u verbleiben muss.

Genus, u-Deklination

**Der Vierten -us lass männlich sein,
doch räume u den neutris ein.**

**Feminina sind auf -us:
tribus, actus, porticus,
domus, manus, idus.**

Genus, e-Deklination

**Der Fünften Wörter auf -es
bedeuten etwas Weibliches.
Nur männlich ist der Tag, dies,
und ebenso meridies.**

hic, haec, hoc – der Lehrer hat 'nen Stock
is, ea, id – was will er denn damit?
sum, fui, esse – er haut dir in die Fresse!

Eine Eselsbrücke für die wichtigsten Pronomina und die Stammformen des Hilfsverbs »esse«.

In die Semmel biss der Kater.

Die ersten vier Zahladverbien muss man sich im Lateinischen besonders merken, weil sie nicht regelmäßig gebildet werden:

semel = einmal
bis = zweimal
ter = dreimal
quater = viermal

Wie lang?
Wie breit?
Wie alt?
Wie weit?
Wie hoch?
Wie tief?

Verwende stets Akkusativ!

Es ging der Bauer agricola
mit seiner Frau, der femina,
über die Brücke pons
an die Quelle fons
und schnitt mit seinem culter-Messer
eine radix-Wurzel ab.

Lepus – ein Has'
sedebat – er saß
in via – auf der Straß'
edebat – er aß
quid? – was
gramen – Gras!

Os, oris ist der Mund –
os, ossis frisst der Hund.

Mit diesem Merkspruch kann man zwei Vokabeln (Mund/ Knochen), die häufig verwechselt werden, leicht auseinander halten.

Vis, die Kraft, und vis, du willst,
sonderbar sich gleichen.
Was du vi vis, glaube mir,
wirst du auch erreichen.

»Vis« = 2. Person Singular Präsens von »velle« = »du willst«, »vi« = Ablativ Singular von »vis« = »mit Kraft«.

Unus, solus, totus, ullus,
uter, alter, neuter, nullus,
alius, ipse fordern alle
-ius in dem zweiten Falle.
Doch im dritten setzt man sie
stets mit einem langen i.

Magni, pluris, plurimi,
parvi, minoris, minimi,
tanti, quanti, nihili.

Diese Vokabeln, von denen die ersten beiden unregelmäßig gesteigert werden, merkt man sich am besten gleich im Genitiv, um sie der richtigen Deklination zuzuordnen.

Arcus, quercus, tribus, acus,
artus, specus und auch lacus
setzen – denk mir ja daran –
-ubus stets als Endung an.
Doch die anderen haben alle
-ibus exakt in diesem Falle.

Wörter der u-Deklination haben im klassischen Latein normalerweise »-ibus« im Dativ. Diese Eselsbrücke fasst die Ausnahmen zusammen, die noch die alte Form »-ubus« bewahrt haben.

Febris, puppis, tussis, turris,
sitis, vis, sowie securis
bilden immer -im und -i,
-em und -e vermeiden sie.

Hier sind die häufigsten Vokabeln zusammengefasst, die zu den reinen i-Stämmen der 3. Deklination gehören. Im Gegensatz zu den gemischten i-Stämmen weisen sie im Akkusativ und im Ablativ Singular »-im« bzw. »-i« als Endung auf.

Nach O s t muss diese Ente.

Die Verb-Endungen im Aktiv lauten »-o«, »-s«, »-t«, »-mus«, »-tis«, »-nt«:
laud-o
lauda-s
lauda-t
lauda-mus
lauda-tis
lauda-nt
(**dies** = **tis**)

Mens sana in corpore sano – Ein gesunder Geist in einem gesunden Körper. (Juvenal)

Auch eine Fülle von Büchern ersetzt den guten Lehrer nicht. (Chinesisches Sprichwort)

Der Vater zum Sohn: »Ich verstehe nicht, wie du so große Probleme mit Latein haben kannst. Das ist doch eine tote Sprache.« – »Ja schon, aber leider haben die Lateinlehrer überlebt!«

Meiers Sohn kommt aus der Schule nach Hause und berichtet stolz: »Ich habe drei Leistungskurse belegt – Griechisch, Latein und Algebra.« – »Sehr lobenswert«, meint der Papa. »Und was heißt beispielsweise ›Guten Morgen‹ auf Algebra?«

Kunst und Architektur

Kilometertal – Euer Urpokal

Die Antike kennt neun Musen, die griechischen Göttinnen der schönen Künste und Wissenschaften, Töchter des Zeus und der Mnemosyne, bei deren Aufzählung dieser Merkvers gute Dienste leisten kann:

Kilo (= Klio)/ me / ter / tal (= thal)/ eu / er / ur / po / kal

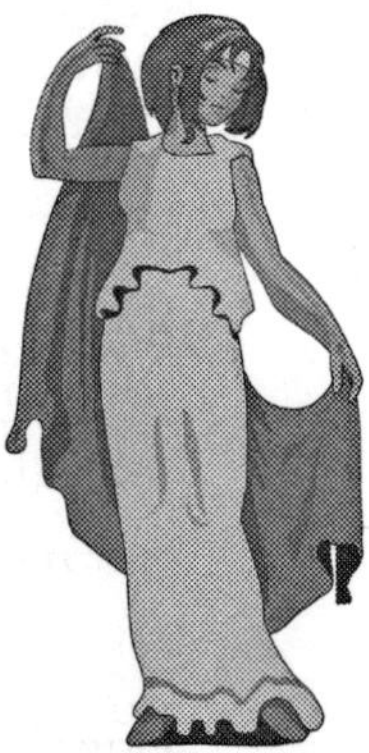

Klio,
Muse der Geschichtsschreibung

Melpomene,
Muse für die tragische Dichtung (Tragödie)

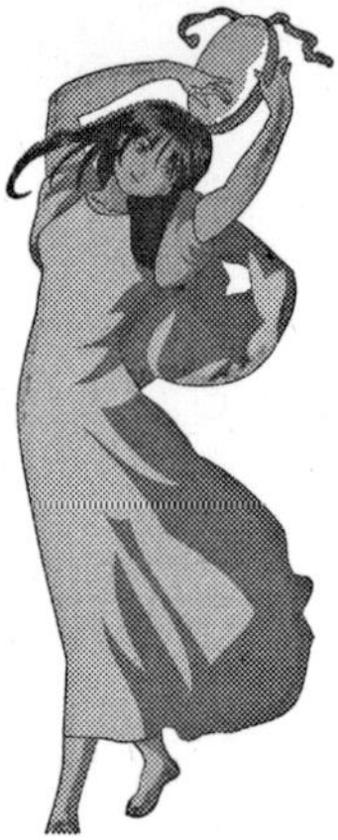

Terpsichore,
Muse für
den Tanz

Thalia,
Muse für
die komische
Dichtung
(Komödie)

Euterpe,
Muse für
die Instrumentalmusik als
Begleitung
zur
Dichtung
(Lyrik)

Erato,
Muse
für die
Liebesdichtung

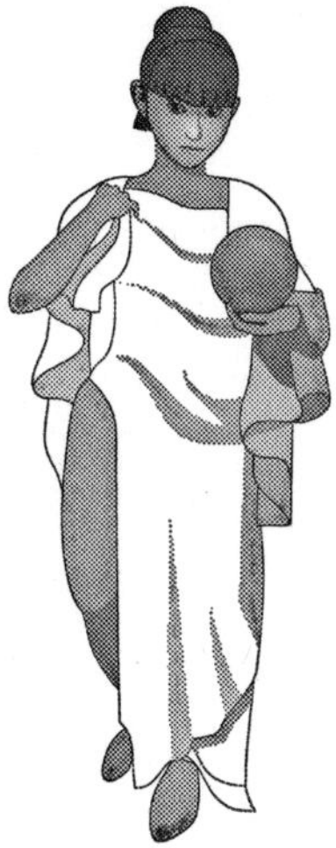

Urania, Muse für die Sternkunde

Polyhymnia, Muse für die Hymnendichtung

Kalliope, Muse für die erzählende Dichtung (Epik)

TEST LEUCHTKOPY, GARTENMAUS

Die sieben Weltwunder fehlen in fast keinem Quiz, sollte man also auswendig hersagen können. Eine Eselsbrücke ist dabei immer erlaubt.

TE, der **Te**mpel der Artemis in Ephesus.

ST, die **St**atue des Zeus von Phidias in Olympia.

LEUCHT, der **Leucht**turm von Pharos in Alexandria.

KO, der **Ko**loss von Rhodos.

PY, die **Py**ramiden von Ägypten.

GARTEN, die hängenden **Gärten** der Semiramis in Babylon.

MAUS, das **Maus**oleum in Halikarnassos.

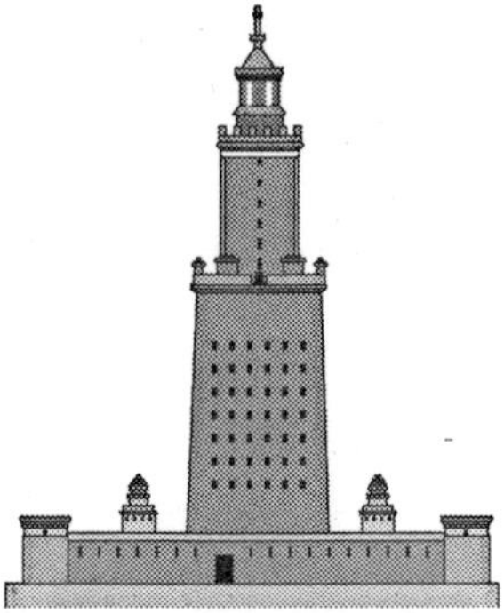

Der Leuchtturm von Pharos in Alexandria.

Der Koloss von Rhodos.

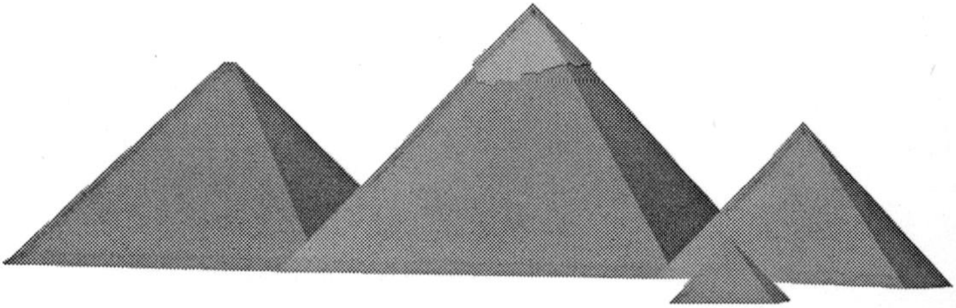

Die Pyramiden von Ägypten

Fleißige Schüler machen fleißige Lehrer. (Deutsches Sprichwort)

Der Mensch lernt, solange er lebt, und stirbt doch unwissend. (Serbisches Sprichwort)

Hänschen zum Lehrer: »Bitte, wie heißt das, was Sie mit roter Tinte unter meine Arbeit geschrieben haben?« – »Hm …, das heißt: sorgfältiger und deutlicher schreiben.«

Ein Hobbymaler stellt seine Werke aus. Sein Lieblingsmotiv ist die stürmische See. Eine Besucherin lobt: »Ganz hervorragend. Nur schade, dass Sie immer so ein Pech mit dem Wetter haben!«

Musik

Geig, du alter Esel!

Die Saiten einer Geige sind auf die Töne G, D, A, E gestimmt.

Cäsar genießt den Abend.

Die Saiten einer Bratsche sind auf die Töne C, G, D, A gestimmt. Eine Oktave tiefer, und der Merkspruch passt auch zur Stimmung eines Cellos.

Ein Anfänger der Gitarre hat Eifer.

Die sechs Saiten einer Gitarre sind auf die Töne E, A, D, G, H, E gestimmt.

Die ganze Wurst hängt, die halbe Wurst liegt.

Die ganze und die halbe Pause werden in der Musik oft verwechselt. Ein lustiger Vergleich hilft hier weiter: Die ganze Wurst hängt noch oben, die halbe Wurst ist heruntergefallen.

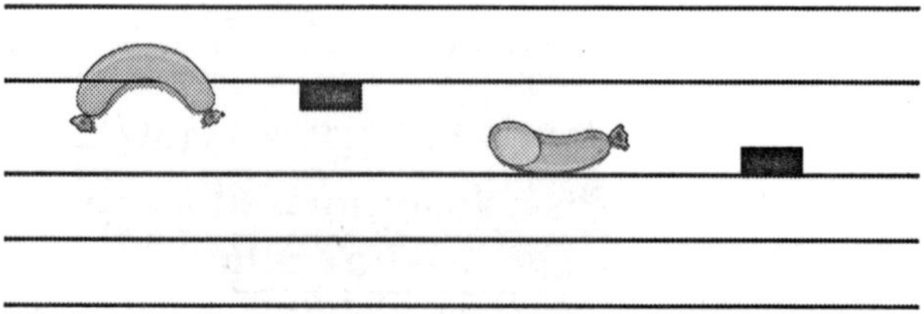

**Orlea, Dixie, Cago, Swingin',
Bop und Cool, Modern, Free.**

Der Jazz hat sieben wichtige Entwicklungsstufen oder Perioden durchlaufen:

Orlea	=	New Orleans Jazz
Dixie	=	Dixieland
Cago	=	Chicago-Jazz
Swingin'	=	Swing-Ära
Bop	=	Bebop
Cool	=	Cool Jazz
Modern	=	Modern Jazz
Free	=	Free Jazz

SOMEA TEBABA

Für Oper und Operette gibt es diese zwei eingängigen Kunstwörter für die Benennung der Stimmlagen in richtiger Reihenfolge:

SO	=	Sopran
ME	=	Mezzosopran
A	=	Alt
TE	=	Tenor
BA	=	Bariton
BA	=	Bass

Mit Bratschen links die ersten Geigen,
die zweiten rechts, beim Celloreigen.
Dann Harfen, Flöten, Klarinetten,
sich an Fagott, Oboen ketten,
nach rechts gefolgt von Hörnern, Bässen,
Trompeten immer links gesessen,
daneben Tuben und Posaunen,
ganz hinten Schlagzeug zu bestaunen.
Ganz vorn auf hohem Postament,
der sehr geschätzte Dirigent.

Das ist schon ein kleines Gedicht, das man hier benötigt. Hiermit wird der traditionelle Aufbau eines ganzen Orchesters beschrieben, traditionell insofern, als im heutigen Orchester die ersten und zweiten Violinen links sitzen, die Bratschen und Celli rechts. »Links« und »rechts« sind aus der Sicht des Dirigenten bzw. der Zuhörer zu verstehen.

Das »Dur«, das kommt von »durus«, hart,
das »Moll« von »mollis«, weich an Art.

So kann man sich merken, was die beiden Begriffe überhaupt bedeuten (wenn man kein Latein kann). Ansonsten verbinden wir mit den beiden Tonarten eher die Stimmungen fröhlich-lustig (Dur) bzw. traurig-melancholisch (Moll).

Der Pfarrer liest alte Journale.

Der gregorianische Choral ist »in« und sogar bis in die Rock- und Popmusik vorgedrungen. Sein besonderer Charme liegt in der Bewahrung alter Tonarten, den so genannten Kirchentonarten, die sich mit obiger Eselsbrücke merken lassen:

Der	=	dorisch
Pfarrer	=	phrygisch
liest	=	lydisch
alte	=	aiolisch
Journale	=	ionisch

Geh (1), du (2) alter (3) Esel (4), hole (5) Fische (6).

Man hat schon sein Kreuz mit den Kreuztonarten. Doch der Merkvers hilft uns sowohl bei der korrekten Benennung als auch durch die Reihenfolge bei der Anzahl der Kreuze.

G-Dur = #
D-Dur = ##
A-Dur = ###
E-Dur = ####
H-Dur = #####
Fis-Dur = ######

Fürchte (1) besonders (2) Eschen (3)-Äste (4) des (5) gesamten (6) Cäsarreiches (7).

Wie bei den Kreuztonarten können wir uns auch bei den B-Tonarten mit einem Merkvers behelfen, der sowohl die korrekte Benennung als auch durch die Reihenfolge die Anzahl der Bs erkennen lässt.

F-Dur	=	b
B-Dur	=	b b
Es-Dur	=	b b b
As-Dur	=	b b b b
Des-Dur	=	b b b b b
Ges-Dur	=	b b b b b b
Ces-Dur	=	b b b b b b b

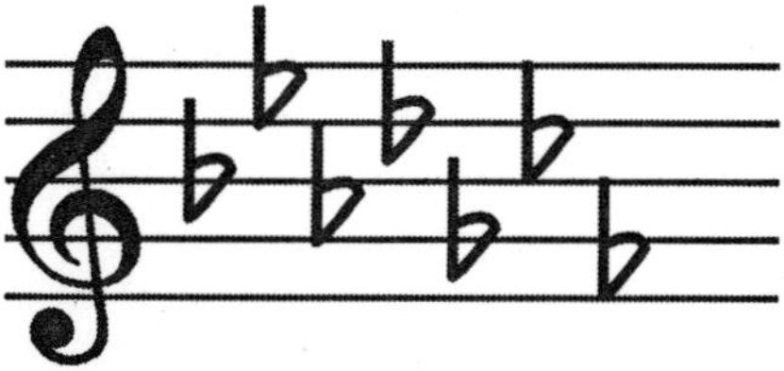

Cuno, der Esel, fabriziert Gold am Hinterteil.

Das ist die Reihenfolge der Noten
in einer Oktave von unten:
C, D, E, F, G, A, H

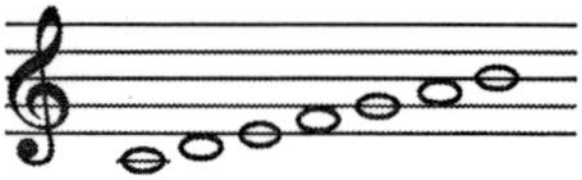

Es geht hurtig durch Fleiß.

Oder:

Eine Geige hat der Fiedler.

Die ganze Oktave kennt man
vielleicht gerade noch,
aber welche werden nun auf
den Linien eines Notenblattes
geschrieben?

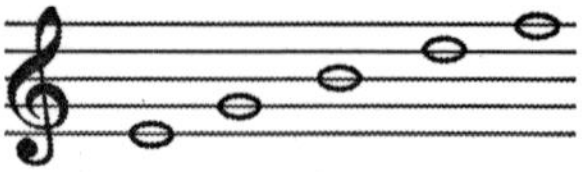

E, G, H, D, F

Fritz aß Citronen-Eis gern

Oder:

Feiner alter Cognac, ein Genuss.

Wenn es Noten auf den Linien gibt, dann natürlich auch welche dazwischen:

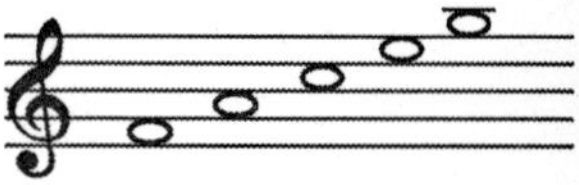

F, A, C, E, G

Prim, Sekund sind eins und zwei,
Terz als Intervall die drei,
vier und fünf die Quart und Quint,
Sext und Sept, Oktav ganz hint'.

Für die verschieden großen Intervalle zwischen den Tönen einer Oktave kennt die Musik besondere Begriffe, die dieser Merkvers in der richtigen Reihenfolge aufzählt. Eigentlich sind es die lateinischen Ordinalzahlen: erste, zweite, dritte, vierte bis achte (Stufe).

Kammerherr, welch Gloria,
ist das eingestrich'ne A!

Harmonie gibt es nur, wenn alle Instrumente für die Stimmung einen Bezugspunkt haben. Das ist das eingestrichene A mit einer Schwingung von 440 Hertz, der so genannte Kammerton.

Die Maus, die lebt piano
und manchmal pianissimo.
Der Spatz hingegen forte
und manchmal auch fortissimo.
Der Mensch – so mittendrin –
lebt mezzoforte vor sich hin.

Das sind die fünf wichtigsten Lautstärken in der Musik:

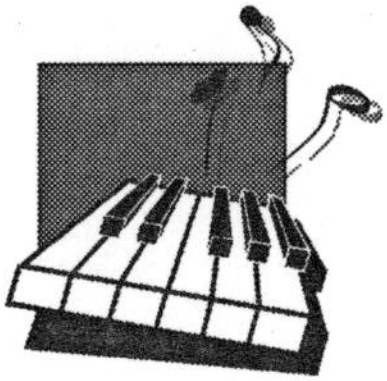

pianissimo	=	sehr leise
piano	=	leise
mezzoforte	=	mittellaut
forte	=	laut
fortissimo	=	sehr laut

Wie so viele Bezeichnungen in der Musik kommen sowohl die Lautstärke- als auch die Tempobegriffe aus dem Italienischen.

Largo, lento, adagio
und andante, moderato,
bis vivace und allegro,
presto und prestissimo.

Von den Tempobezeichnungen gibt es allerdings gleich neun:

largo	=	breit, sehr ruhig
lento	=	langsam
adagio	=	ruhig
andante	=	gehend
moderato	=	mäßig bewegt
vivace	=	munter, lebhaft
allegro	=	schnell
presto	=	sehr schnell
prestissimo	=	äußerst schnell

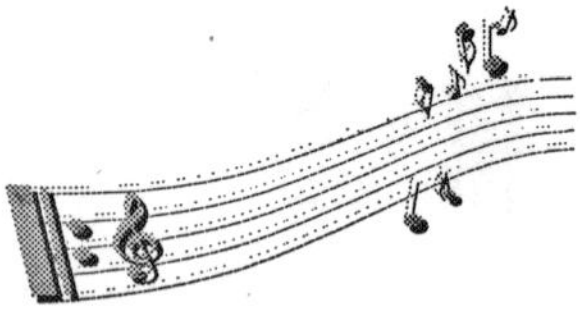

Politik ist das Gegenteil von Musik. Sie verspricht alles und hält nichts. (Maria Callas)

Wer fragt, der lernt. (Deutsches Sprichwort)

»Wenn man allein spielt, ist das ein Solo. Verstehst du das, Peter?« – »Ja, Herr Lehrer.« – »Wenn man zu zweit spielt, heißt das Duo. Und wie nennt man es nun, wenn man zu dritt spielt?« – »Skat, Herr Lehrer!«

Astronomie

Mein Vater erklärt mir jeden Sonntag unsere neun Planeten.

Oder:

My very excellent mother just served us nine pizzas.

Eine beliebte Quizfrage: Zählen Sie die neun Planeten unseres Sonnensystems in der richtigen Reihenfolge auf!

Mit dieser Eselsbrücke kein Problem:

Merkur	Mercury
Venus	Venus
Erde	Earth
Mars	Mars
Jupiter	Jupiter
Saturn	Saturn
Uranus	Uranus
Neptun	Neptune
Pluto	Pluto

Wenn aber Pluto mit seiner elliptischen Bahn näher an der Sonne ist als Neptun, heißt der Spruch:

Mein Vater erklärt mir jeden Sonntag unsere Planeten neu!

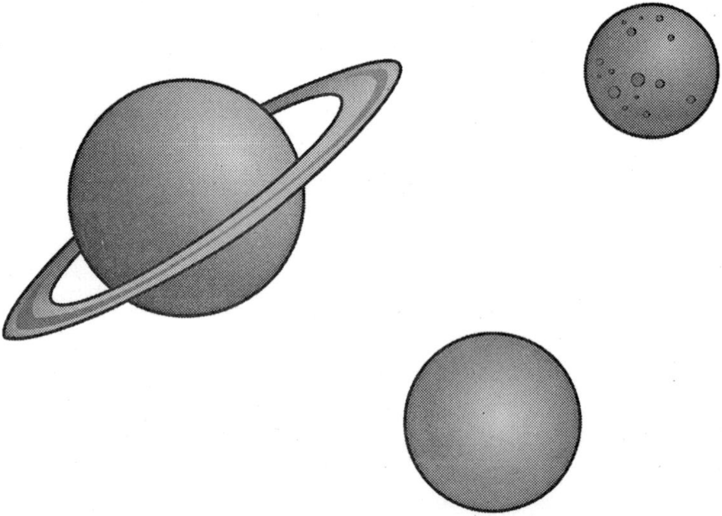

Oh Be A Fine Girl Kiss Me Right Now Sweetheart.

Die Spektralklassen von Sternen in der richtigen Reihenfolge:

O B A F G K M R N S

Die Spektren verschiedener Sterne zeigen auffällige Unterschiede, aber ähnliche Sternsprektren lassen sich in Gruppen zusammenfassen. Diese Gruppen bezeichnet man als Spektralklassen und kennzeichnet sie mit großen Buchstaben.

Mach' es wie die Sonnenuhr: Zähl' die heitren Stunden nur. (Deutsches Sprichwort)

Jede Lösung eines Problems ist ein neues Problem. (Johann Wolfgang v. Goethe)

Die Lehrerin: »Der Mond ist so groß, dass Millionen von Menschen Platz haben.« Da meint der kleine Peter: »Aber bei Halbmond gibt das ein ganz schönes Gedränge!«

Biologie

SKOFGA

Das Klassifikationssystem (Taxonomie) der Botanik und Zoologie umfasst folgende Hauptkategoriestufen (Taxa) in absteigender Reihenfolge:

Stamm (Phylum)
Klasse (Classis)
Ordnung (Ordo)
Familie (Familia)
Gattung (Genus)
Art (Species)

Biologisch gesehen gibt es nur Arten bzw. Unterarten als Spezies, weil nur diese untereinander fruchtbare Nachkommen haben können.

Der wissenschaftliche Name einer Art (Spezies) besteht aus dem Gattungsnamen, der auf die Verwandtschaft zu anderen Arten verweist, sowie dem jeweiligen Artnamen (besondere Bezeichnung).

Die englische Version ist sogar noch umfangreicher:

Kings Play Cards On Fat Green Stools.

Oder:

Kids Prefer Cheese Over Fried Green Spinach.

Kingdom
Phylum
Class
Order
Family
Genus
Species

Ein Beispiel:

Stamm	Metazoen
Klasse	Säugetiere
Familie	Fleischfresser
Ordnung	Hundeartige
Gattung	Canis
Art	Canis Lupus

Klasse Ordnung herrscht in der Familie, wenn der Gatte artig ist.

Wenn man auf den Stamm verzichtet, dann ist diese Eselsbrücke noch viel deutlicher:

Klasse (Classis)
Ordnung (Ordo)
Familie (Familia)
Gattung (Genus)
Art (Species)

WirGlie–WeiSta–WürHo–SchwUr

Die verschiedenen Tierstämme:

Wi	Wirbeltiere
Glie	Gliederfüßler
Wei	Weichtiere
Sta	Stachelhäuter
Wür	Würmer
Ho	Hohltiere
Schw	Schwämme
Ur	Urtiere

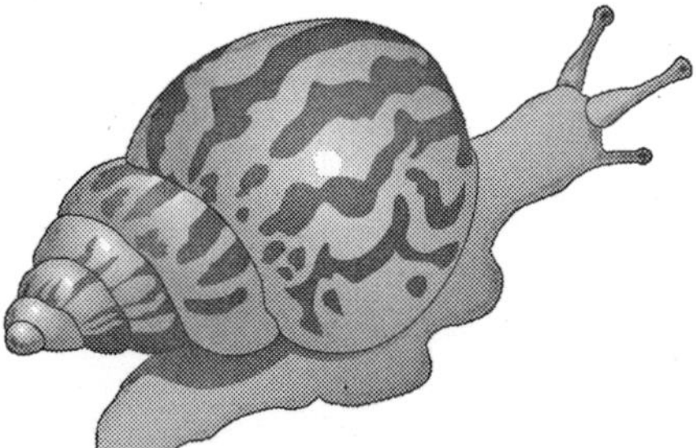

Männlich (maskulin) – Weiblich (feminin)

Die Biologie verwendet zur Unterscheidung zwei bekannte Symbole, die man sich am einfachsten mit der Assoziation männlich = Schild mit Speer bzw. weiblich = Spiegel mit Haltegriff merken kann – entsprechend den beiden Bewohnern des griechischen Olymp, Mars und Venus.

**Mit Blaubart und mit Nonnenhaube,
Beutel, Schwanz wie'n Specht im Laube,
in Sumpf und Kohl, auf Tannen, Weiden –
das Meisenvolk ist gut zu leiden.**

Diese Eselsbrücke hilft einem beim Aufzählen aller elf Meisenarten – damit kann man schon jemanden beeindrucken.

Blaubart	=	Blau- und Bartmeise
Nonnenhaube	=	Nonnen- und Haubenmeise
Beutel	=	Beutelmeise
Schwanz	=	Schwanzmeise
Specht	=	Spechtmeise
Sumpf	=	Sumpfmeise
Kohl	=	Kohlmeise
Tannen	=	Tannenmeise
Weiden	=	Weidenmeise

In Bunt, in Rot, Schwarz, Grün und Grau,
in Mittel-, Klein- und Zwergenbau,
als Brut wie Elstern weiß am Rücken:
Familie Dreihzeh kann prima sich schmücken.

Neben den Meisen (siehe den vorhergehenden Merkvers) gibt es auch einige Spechtarten.

Bunt/Rot	=	Bunt- oder Rotspecht
Schwarz	=	Schwarzspecht
Grün	=	Grünspecht
Grau	=	Grauspecht
Mittel	=	Mittelspecht
Klein	=	Kleinspecht
Zwerg	=	Zwergspecht oder Kleiner Buntspecht
Dreizeh	=	Dreizehenspecht

Frische Kinder, Mutter Bache,
Vater Keiler oder Schwein –
können nur die Borstentiere
von Familie Schwarzwild sein.

Früher fast ausgerottet, nehmen sie inzwischen in Deutschland überhand:

Frische Kinder	=	Frischlinge
Bache (Sau)	=	Mutterschwein
Keiler (Schwein)	=	Vaterschwein
Schwarzwild	=	Wildschweine

Ein Riese in dem Weltenmeer,
bis 160 Tonnen schwer,
der Wassertiere Admiral,
ist der Koloss, der blaue Wal.

Das größte und schwerste Tier überhaupt ist der Blauwal, gefolgt vom afrikanischen Elefanten.

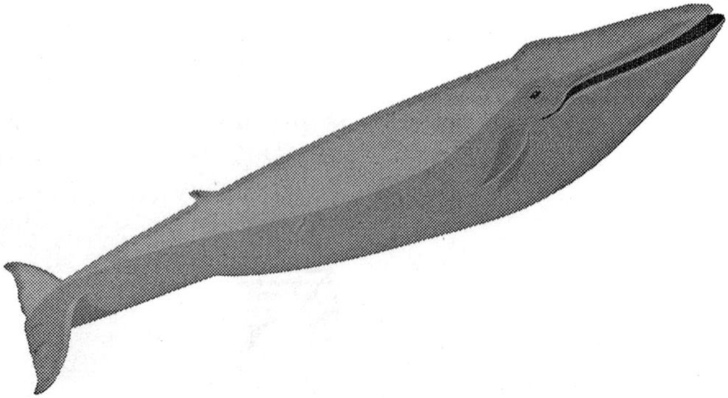

Afrikanische Elefanten haben lange Ohren – indische Elefanten haben winzige Ohren.

Der indische Elefant ist auch sonst kleiner und zahmer, wohingegen die Nutzung des afrikanischen Elefanten als Reit-, Last-, Zug- und auch Zirkustier nie gelungen ist.

Das Kamel mit zwei Höckern ist das Trampeltier, das Kamel mit einem Höcker ist das Dromedar.

Anhand der Häufigkeit des Buchstabens »e« kann man die bekanntesten Kamelarten ganz leicht auseinander halten. Das Trampeltier ist übrigens das asiatische Kamel, während das Dromedar vorwiegend in Nordafrika und im Nahen Osten als Last- und Reittier verbreitet ist.

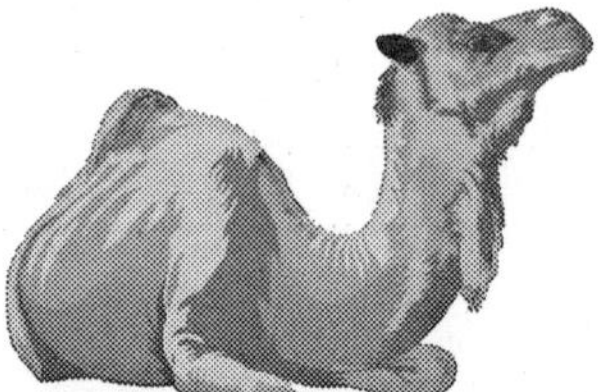

Welpen sind die Hundekinder,
Kälber neugeborne Rinder,
und die Kleinen von den Pferden
nennt man Fohlen hier auf Erden.

Die Frau des Rehbocks, Mama Ricke,
lässt nie das Kitz aus ihrem Blicke.

Es gibt noch andere Bezeichnungen für den Nachwuchs bei Tieren wie z. B. Frischlinge bei Wildschweinen, aber diese Merkverse halten schon mal die wichtigsten Namen von Tierkindern parat.

Sehr bissig ist das Krokodil,
du nennst es richtig ein Reptil.

Hat einen langen, spitzen Schnabel,
trägt einen Kamm auf seinem Kopf.
Merk dir den Namen: Wiedehopf.

Laura saß und fraß unterm
Campherbaum Zimt.

Die Pflanzen Lorbeer, Sassafras, Campher und Zimt gehören zur Familie der Lauraceen.

CHONS Margarethe kocht prima Café.

Nun, im Deutschen wird der Nachname zwar gewöhnlich nicht an erster Stelle genannt, aber in dieser Eselsbrücke bringt man dadurch die wichtigsten Nährstoffe der Pflanzen auch noch in eine wertige Reihe, nämlich die häufigsten zuerst:

C	Kohlenstoff
H	Wasserstoff
O	Sauerstoff
N	Stickstoff
S	Schwefel
Mg	Magnesium
K	Kalium
P	Phosphor
Ca	Calcium
Fe	Eisen

Dass die genannten Elemente in der Regel in Nährstoffmolekülen gebunden sind, versteht sich eigentlich von selbst.

UNI – SPA – UNA

Damit können wir die drei grundsätzlichen Vererbungsgesetze nach Mendel rekapitulieren:
UNI = Uniformitätsgesetz
SPA = Spaltungsgesetz
UNA = Unabhängigkeitsgesetz

1. Das Uniformitätsgesetz
Die Nachkommen homozygoter (also gleicherbiger, reinrassiger) Individuen, die sich in einem Merkmal unterscheiden, für das sie reinerbig sind, sind untereinander gleich: F1-Generation.

2. Das Spaltungsgesetz
Die Nachkommen einer Kreuzung mischerbiger Individuen der F1-Generation sind nicht mehr gleichförmig, sondern spalten die Merkmale der Elterngeneration im Zahlenverhältnis von 3 : 1 auf.

3. Rekombinationsgesetz
Zwei Merkmale werden getrennt voneinander vererbt, wobei ab der 2. Generation (»Enkel«) neue, reinerbige Kombinationen auftreten können.

Zapfen sehen Farbe, Stäbchen sehen schwärzlich.

In der Nacht sind alle Katzen grau – nicht in Wirklichkeit, aber für unsere Augen. Das Farbensehen braucht deutlich mehr Helligkeit als das Hell-Dunkel-Sehen. Welche Teile in der Netzhaut für was zuständig sind, sagt uns die Eselsbrücke.

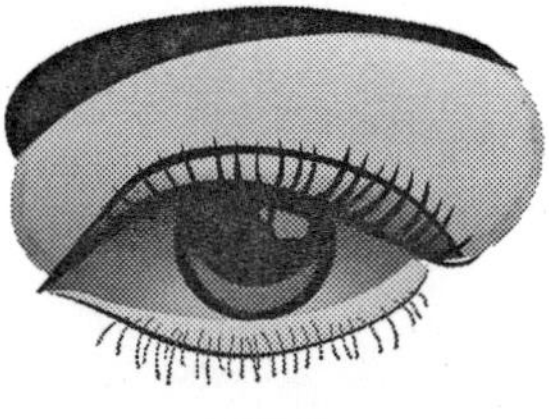

EDEKA

Nein, der Lebensmittellieferant ist damit nicht gemeint, hat aber dennoch was mit Lebensmitteln zu tun. Es sind die vier fettlöslichen Vitamine:

A, D, E und K

Der Stickstoff hat den Sinn erhalten,
den Eiweißaufbau zu gestalten.
Er ist drum wichtig wie noch nie
zum Pflanzenaufbau und fürs Vieh.
Das Kali hat stets das Bestreben,
die Zellenbildung zu beleben.
Und außerdem ist es am Werke
beim Bau von Zucker und von Stärke.

Ich protze mit allen Teilen.

Oder:

Ich poche manchmal an Türen.

Die Zellkernteilung, d. h. die Aufteilung der Chromosomen in der Mitose in fünf Phasen, wurde uns einst im Biounterricht erläutert. Wer kann die Phasen noch aufzählen?

Ich	=	Interphase
Protze/poche	=	Prophase
Mit/manchmal	=	Metaphase
Allen/an	=	Anaphase
Teilen/Türen	=	Telophase

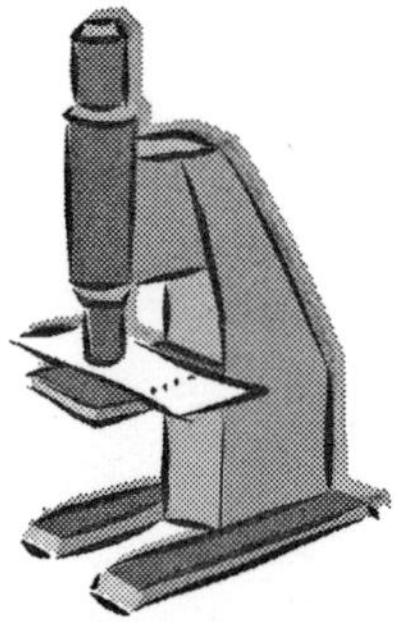

Liebe Zelle, paar dich doch.

Das beschreibt die Einteilung für die erste meiotische Prophase:

Leptotän, **Z**ygotän, **P**achytän, **D**iplotän, **D**iakinese

**Ein Kahn fährt im Mondenschein
ums Dreieck- und ums Erbsenbein;
Vieleck groß und Vieleck klein,
der Kopf, der muss am Haken sein.**

Eselsbrücke für die Handwurzelknochen:

Kahnbein	Os scaphoideum
Mondbein	Os lunatum
Dreiecksbein	Os triquetrum
Erbsenbein	Os pisiforme
großes Vieleckbein	Os multangulum maius (trapezium)
kleines Vieleckbein	Os multangulum minus (trapezoideum)
Kopfbein	Os capitatum
Hakenbein	Os hamatum

GABI

Wichtig für Erste-Hilfe-Leistende und Sanitäter:

Gibt er/sie **A**nwort? –
Blutet er/sie? – **I**st der Puls normal?

Wenn man den Notdienst anruft, kann die Auskunft zu diesen grundlegenden Fragen sehr hilfreich sein.

P E C H

Bei Verdacht auf Knochenbruch:

Pause,
Eis auflegen und kühlen,
Compressionsverband und
Hilfe durch Arzt.

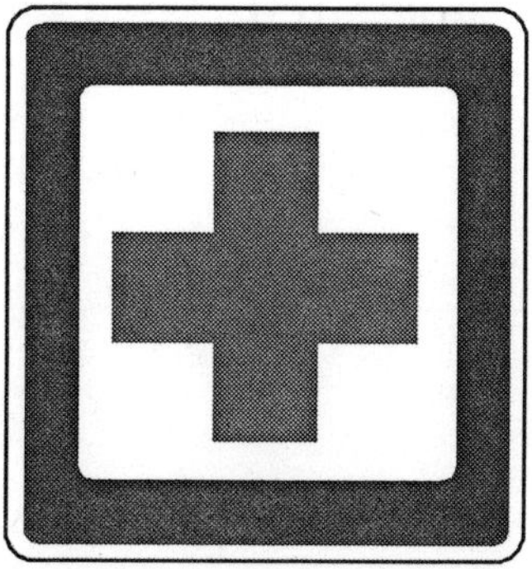

Fühlst du starkes Rheumaleiden,
lass die Milch mal lieber bleiben.

Spürst du das Zipperlein, die Gicht,
dann trink Rotwein lieber nicht.

Schon gehört, dass Gurkensaft
Sommersprossen super abschafft?

Der ist nicht ganz weise, der nicht einmal ein Narr sein kann. (Deutsches Sprichwort)

Müßiggang ist des Teufels Ruhebank. (Deutsches Sprichwort)

»Aus was bestehen die Stoßzähne der Elefanten?«, will der Lehrer wissen. Meint Petra: »Früher waren sie aus Elfenbein, heute sind sie aus Kunststoff.«

Der Lehrer fragt: »Welcher Vogel baut sich kein eigenes Nest?« – Mäxchen: »Der Kuckuck.« – »Stimmt, und warum nicht?« – »Weil er in der Uhr lebt!«

Chemie

Erst das Wasser, dann die Säure – sonst geschieht das Ungeheure.

Hier wird's gefährlich. Will man eine Säure verdünnen, darf man auf keinen Fall Wasser in die Säure schütten, sondern man hat genau umgekehrt vorzugehen. Sonst ergeht es einem sehr übel. Warum? Beim Mischen von Wasser und Säure entsteht Hitze, die sich bei der richtigen Anwendung besser verteilt.

Säuren röten
Basen bläuen

Der Test mit so genanntem Lackmuspapier dient zum Prüfen, was vorliegt, Säure oder Lauge.

Laugen färben rotes Lackmuspapier blau.

Rosten ist eine Oxydation.

Oder:

Wer rostet, oxidiert.

HONCS

Die wichtigsten chemischen Elemente:

H = Wasserstoff
O = Sauerstoff
N = Stickstoff
C = Kohlenstoff
S = Schwefel

Sn für Zinn weist auf Stanniolpapierchen hin.

Kaugummi ist in Stanniolpapier eingewickelt – von vielen inzwischen fälschlich für Aluminium gehalten.

Das chemische Zeichen für Zinn ist »Sn«.

<u>H</u>err <u>O</u>ber, <u>5</u> <u>H</u>elle, <u>2</u> <u>C</u>ognac!

Damit merken wir uns die Formel für Alkohol (wenn wir die Reihenfolge exakt umdrehen):

C_2H_5OH

Liebst du nicht Wein, Weib, Gesang und Bier – dann trinke H_2SO_4!

Nicht zur Nachahmung gedacht, sondern nur als Merkvers für Schwefelsäure!

Wirst du des Lebens nicht mehr froh – stürze dich in H_2O.

Auch das ist nicht wörtlich zu nehmen, sondern dient nur als Eselsbrücke für die chemische Formel von Wasser.

Ein Wassermolekül besteht aus zwei Wasserstoffatomen (H) und einem Sauerstoffatom (O).

Zin[k + K]upfer = Messing

Aus Zink und Kupfer wird die Legierung Messing – aus zwei Metallen mit »k« im Namen.
Fehlt ein »k«, dann entsteht Bronze: Zinn + Kupfer.

LEO-GER

Oder:

OIL-RIG

Loss of **E**lecrons is **O**xidation –
Gain of **E**lecronics is **R**eduction.

Oder:

Oxidation **i**s **L**oss – **R**eduction **i**s **G**ain.

Alle alten Glucken möchten gut im Garten tanzen.

Die Zuckerarten mit sechs Kohlenstoff-Molekülen heißen Hexosen (von griechisch »hex« = sechs):

Alle	=	Allose
alten	=	Altose
Glucken	=	Glucose
möchten	=	Mannose
gut	=	Gulose
im	=	Idose
Garten	=	Galaktose
tanzen	=	Talose

Reiche Araber xylophonieren leise.

Die Zuckerarten mit fünf Kohlenstoff-Molekülen heißen Pentosen (von griechisch »pente« = fünf):

Reiche	=	Ribose
Araber	=	Arabose
xylophonieren	=	Xylose
leise	=	Lyxose

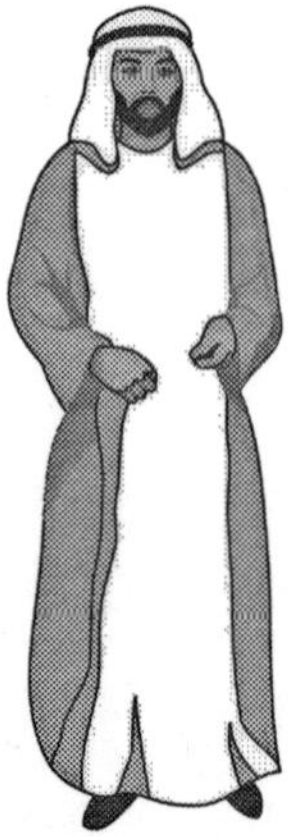

Toronto Girls Can Flirt, And Other Queer Things Can do.

In diesem Merkvers findet sich die Mohshärten-Skala von 1 bis 10 (damit wird die Ritzhärte von Mineralien bzw. Edelsteinen angegeben):

1	**T**alc	Talk
2	**G**ypsum	Gips
3	**C**alcite	Calcit
4	**F**luorite	Fluorit
5	**A**patite	Apatit
6	**O**rthoclase feldspar	Orthoklas
7	**Q**uartz	Quarz
8	**T**opaz	Topas
9	**C**orundum	Korund
10	**D**iamond	Diamant

Blauer Stoff => Sauerstoff

Blau ist die Farbe von Sauerstoffflaschen.

Liebe Betty Bitte, Comm Nicht Ohne Frische Nelken.

Die Elemente der 1. 8er-Periode des Periodensystems:

Li	Lithium
Be	Beryllium
B	Bor
C	Kohlenstoff (Carboneum)
N	Stickstoff (Nitrogenium)
O	Sauerstoff (Oxygenium)
F	Fluor
Ne	Neon

Periodensystem

Hauptgruppenelemente (* = radioaktive Elemente)

Periode	Gruppe I	II		III	IV	V	VI	VII	VIII
1	1 H	Die senkrechten Spalten heißen Gruppen. Die Nummer der Gruppe entspricht der Zahl der Außenelektronen:							2 He
2	3 Li	4 Be		5 B	6 C	7 N	8 O	9 F	10 Ne
3	11 Na	12 Mg		13 Al	14 Si	15 P	16 S	17 Cl	18 Ar
4	19 K	20 Ca		31 Ga	32 Ge	33 As	34 Se	35 Br	36 Kr
5	37 Rb	38 Sr		49 In	50 Sn	51 Sb	52 Te	53 I	54 Xe
6	55 Cs	56 Ba		81 Tl	82 Pb	83 Bi	84 Po*	85 At*	86 Rn*
7	87 Fr*	88 Ra*							

Die waagerechten Reihen heißen Perioden. Die Nummer der Periode entspricht der Zahl der Elektronenschalen.

Nebengruppenelemente (* = radioaktive Elemente)

4	21 Sc		22 Ti	23 V	24 Cr	25 Mn	26 Fe	27 Co	28 Ni	29 Cu	30 Zn
5	39 Y		40 Zr	41 Nb	42 Mo	43 Tc*	44 Ru	45 Rh	46 Pd	47 Ag	48 Cd
6	57 La		72 Hf	73 Ta	74 W	75 Re	76 Os	77 Ir	78 Pt	79 Au	80 Hg
7	89 Ac*		104 Ku*	105 Ha*	106 *	107 *	108 *	109 *			

Lanthanide (6. Periode)
Actinide (7. Periode)

6	58 Ce	59 Pr	60 Nd	61 Pm*	62 Sm	63 Eu	64 Gd	65 Tb	66 Dy	67 Ho	68 Er	69 Tm	70 Yb	71 Lu
7	90 Th*	91 Pa*	92 U*	93 Np*	94 Pu*	95 Am*	96 Cm*	97 Bk*	98 Cf*	99 Es*	100 Fm*	101 Md*	102 No*	103 Lr*

Ordnungszahl (entspricht der Zahl der Protonen im Atomkern)

Das Beste, was wir auf der Welt tun können, ist: Gutes tun, fröhlich sein und die Spatzen pfeifen lassen. (Don Bosco)

Jede Generation lächelt über die Väter, lacht über Großväter und bewundert die Urgroßväter. (William Somerset Maugham)

»Hitze dehnt aus, Kälte zieht zusammen. Nenne mir ein Beispiel, Peter!«, sagt der Lehrer. – »Die Sommerferien dauern sechs Wochen, die Weihnachtsferien höchstens zwei!«

»Was habt ihr denn heute im Chemieunterricht gelernt, mein Junge?«, fragt der Vater seinen Sprössling. – »Wie man Schwarzpulver mischt.« – »Und was lernt ihr morgen in der Schule?« – »In welcher Schule?«

Geographie

**Wenn Werra und Fulda sich küssen
und ihren Namen büßen müssen,
entsteht durch diesen Kuss
ganz nebenbei der Weserfluss.**

Die Weser entsteht aus dem Zusammenfluss von Fulda und Werra in Münden. Die Weser selbst mündet bei Bremerhaven in die Nordsee.

**Brigach und Breg
bringen die Donau zuweg.**

Wie der Nil hat die Donau zwei Quellflüsse, die – aus dem Schwarzwald kommend – sich bei Donaueschingen zu einem Fluss vereinigen, der von da an Donau heißt.

Iller, Lech, Isar und Inn
fließen rechts zur Donau hin –
Wörnitz, Altmühl, Naab und Regen
kommen ihr von links entgegen.

Oder:

Altmühl, Nab und Regen
fließen der Donau entgegen –
Iller, Lech, Isar und Inn
fließen zu der Donau hin.

Das sind die deutschen Nebenflüsse der Donau. Aber was heißt bitte schön »rechts« und »links«? Diese Angaben beziehen sich auf den Blick flussabwärts.

Inn vom Süden, Ilz von Nord,
treffen sich am gleichen Ort.
Mit der Donau geht's bergab,
bis zum Schwarzen Meer hinab.

Passau gilt als die Drei-Flüsse-Stadt und ist deshalb auch nicht selten von Hochwasser mitten in der Innenstadt geplagt. Hier münden die beiden Flüsse Ilz und Inn in die Donau. Wohin die sich dann begibt, sagt uns der Vers auch noch, als ob man das vergessen könnte.

Welcher Seemann liegt bis neun im Bett?

Ostfriesenwitze hat jeder auf Lager, aber welche Ostfriesischen Inseln es gibt, weiß vermutlich keiner auswendig. Zumindest bei den Anfangsbuchstaben hilft die Eselsbrücke in der Reihenfolge von Ost nach West:

Wangerooge
Spiekeroog
Langeoog
Baltrum
Norderney
Juist
Borkum

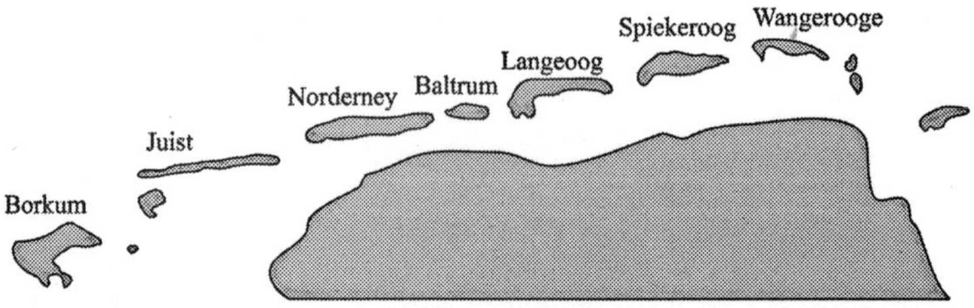

HOMES

Die fünf Großen Seen in Nordamerika heißen:

Huron
Ontario
Michigan
Erie
Superior

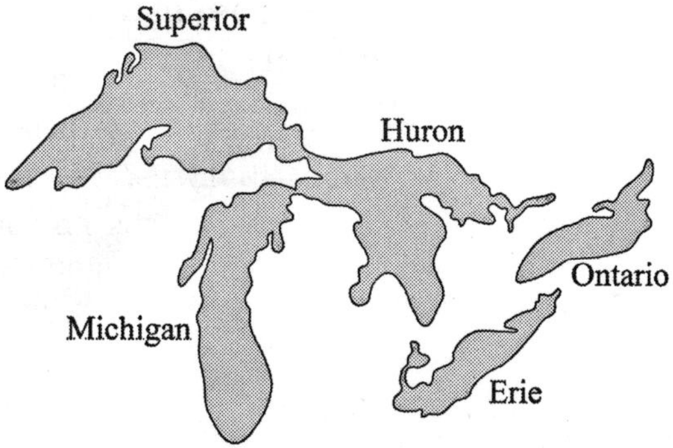

Schiermonnikoog und Ameland,
am dichtesten am deutschen Strand.
Terschelling, Vlieland, dann in Texel,
spätestens da in Gulden wechsel.

Die Westfriesischen Inseln von Ost nach West – auch wenn's jetzt in den Niederlanden keine Gulden mehr gibt.

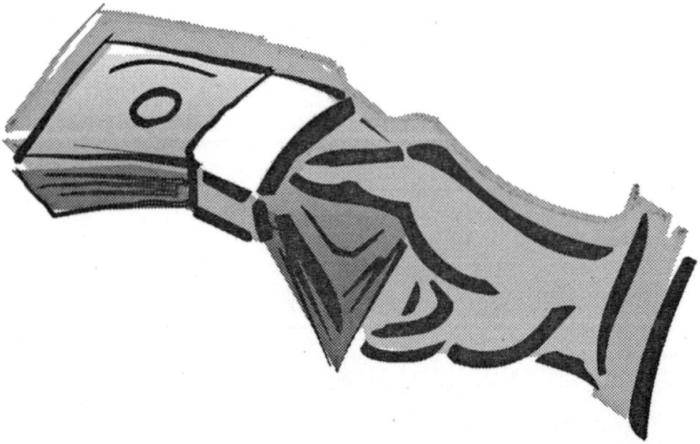

MEGUSABE HONICOPA

Die amerikanische Landbrücke zwischen Nord- und Südamerika besteht aus folgenden Staaten, von Nord nach Süd:

ME	=	Mexiko	HO	=	Honduras
GU	=	Guatemala	NI	=	Nicaragua
SA	=	(El) Salvador	CO	=	Costa Rica
BE	=	Belize	PA	=	Panama

Umrisse von Ländern

Als Erwachsener hat man heutzutage, nicht zuletzt durch die ständige Präsentation von Welt- und Landkarten in den Medien, die Umrisse von Kontinenten und Ländern ziemlich gut im Kopf oder kann sie zumindest sehr gut wiedererkennen. Dabei vergisst man gerne, dass Kinder und Jugendliche hier noch einiges zu lernen haben, zumal auch in den Schulen in der Geographie immer weniger mit Karten und Atlanten gearbeitet wird zugunsten ganz anderer Themen.

Die effektivste Möglichkeit, Kindern und Jugendlichen die Umrisse von Kontinenten und Ländern einprägsam nahe zu bringen, ist das Hineinfantasieren von Figuren und Formen. Freie Fantasie ist hier angesagt! Deshalb sind folgende Illustrationen auch nur Anregungen und keineswegs feste Vorgaben zum Lernen.

Italien

Griechenland

Kaspisches Meer

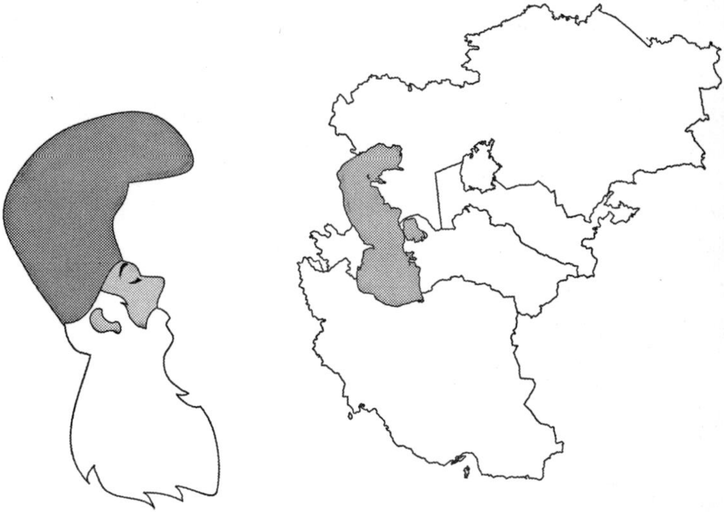

Skandinavien

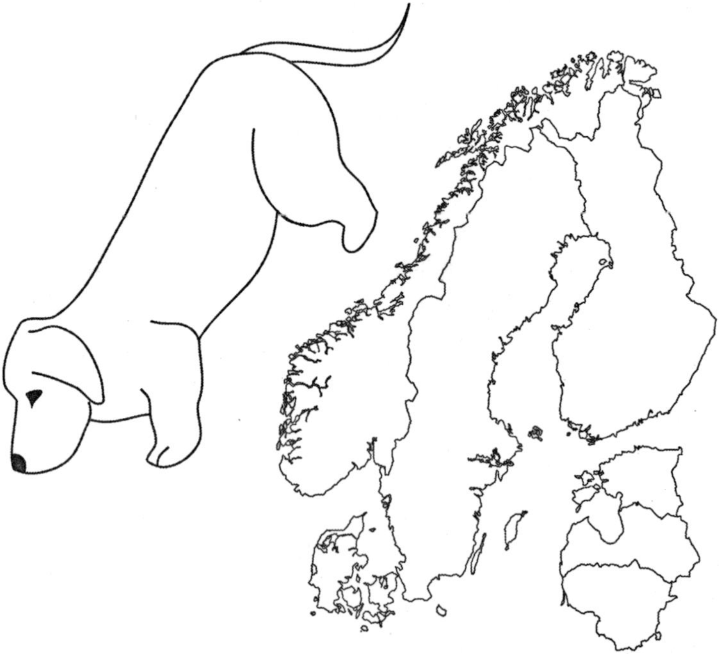

Dänemark

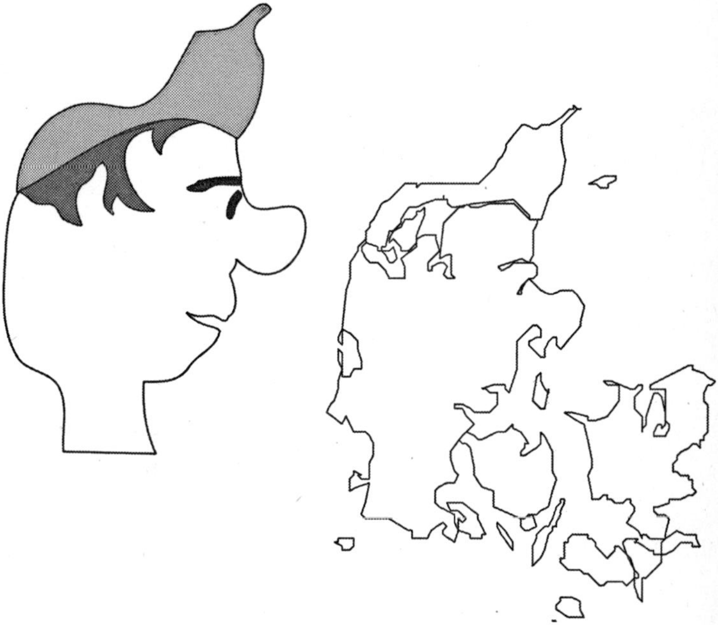

Im Osten geht die Sonne auf,
im Süden hält sie Mittagslauf,
im Westen will sie untergeh'n,
im Norden ist sie nie zu seh'n!

So kann man sich ganz gut die Reihenfolge der Himmelsrichtungen und gleichzeitig den Lauf der Sonne merken.

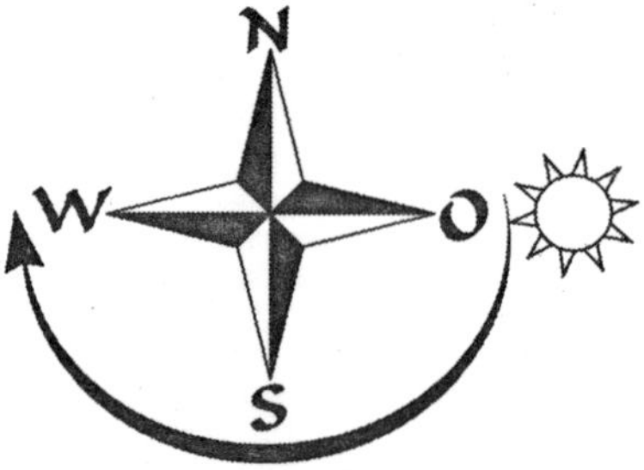

Nie ohne Seife waschen!

Noch ein Spruch für die Himmelsrichtungen. Bekanntlich haben ja auch viele Probleme mit der richtigen Reihenfolge, die unser Reim natürlich auch noch hergibt.

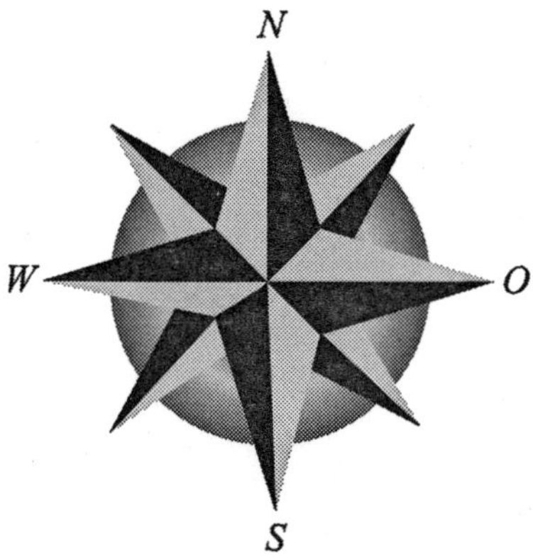

Stalagmiten stehen auf dem Untergrund, Stalaktiten hängen von der Decke.

Oder:

stalagmite – stalactite
ground – ceiling

In Kalksteinhöhlen entstehen durch herabtropfendes Wasser über Jahrtausende hinweg die viel bestaunten Gebilde: Tropfsteine am Boden in die Höhe wachsend (Stalagmiten) oder von der Decke herabhängend (Stalaktiten). Den Merkspruch braucht wohl jeder, der nicht gerade zufällig (klassisches) Griechisch gut beherrscht.

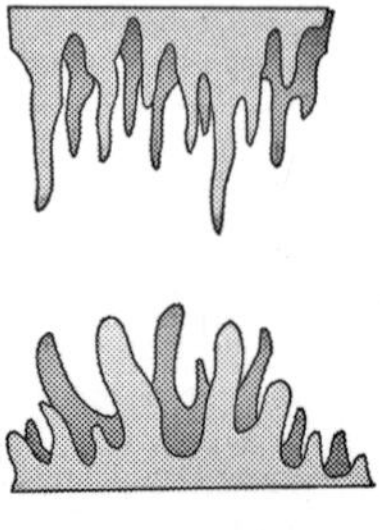

Feldspat, Quarz und Glimmer – die drei vergess' ich nimmer.

Das sind die wichtigsten Bestandteile des beliebten Granits. Wussten Sie, dass der größte Teil des in Deutschland verwendeten Granits aus China importiert wird?

Kann sich doch kein Pennäler merken.

Die Formationen im Erdaltertum (Paläozoikum):
Kambrium, **S**ilur, **D**evon, **K**arbon, **P**erm

Braucht man nicht? Irrtum, im Paläozoikum entstanden vier große Tierstammbäume: Haie, Insekten, Lurche und Kriechtiere, während sich Knochenfische, Säuger und Vögel erst im Mesozoikum entwickelten.

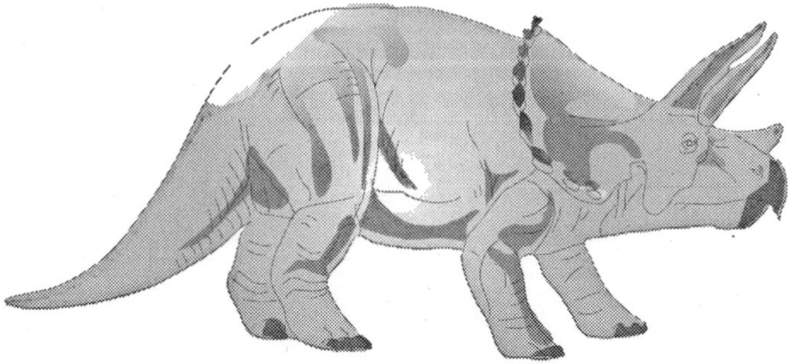

Die Entwicklung der Erde

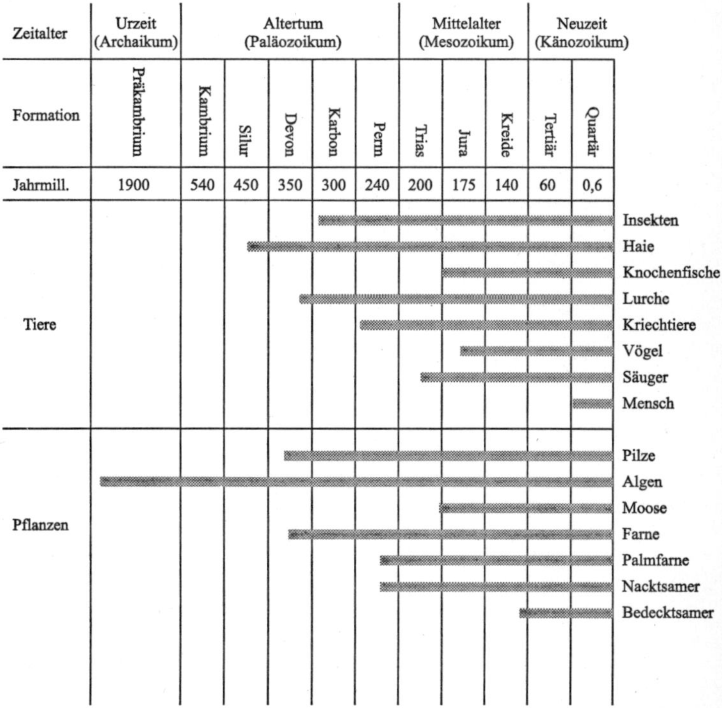
Zeitalter
Urzeit (Archaikum)
Altertum (Paläozoikum)
Mittelalter (Mesozoikum)
Neuzeit (Känozoikum)
Formation
Präkambrium
Kambrium
Silur
Devon
Karbon
Perm
Trias
Jura
Kreide
Tertiär
Quartär
Jahrmill.
1900
540
450
350
300
240
200
175
140
60
0,6
Tiere
Insekten
Haie
Knochenfische
Lurche
Kriechtiere
Vögel
Säuger
Mensch
Pflanzen
Pilze
Algen
Moose
Farne
Palmfarne
Nacktsamer
Bedecktsamer

Leise duftet der Qualm,
Lias, Dogger und Malm.

Die Namen für die Unterteilung der Jura-Zeit eignen sich gut für einen »unsinnigen« Vers.
Die Einteilung des Juras geschieht nach den so genannten Leitammoniten, d. h. nach dem Auftreten von besonders häufigen und charakteristischen Ammoniten zu bestimmten Zeiten, gefunden in entsprechenden Erdschichten.

Der Archaeopterix, der berühmte Urvogel, ist der Jura-Zeit zuzurechnen.

Geographen müssen rüstig wandern.

Diese Eselsbrücke hilft uns beim Aufzählen der großen Eiszeiten in Süddeutschland – sogar in der richtigen Reihenfolge:

Günz, **M**indel, **R**iss und **W**ürm

Abgeleitet sind sie von Flussnamen im Alpenvorland.

Das Mammut hat die letzte Eiszeit nicht überlebt und ist vor ungefähr 10.000 Jahren ausgestorben.

Luna mentit.
Der Mond lügt.

Hat der Mond die Form eines C wie das lateinische Wort »crescere« für »wachsen«, dann nimmt er ab – er lügt ja. Hat der Mond die Form eines D wie in »decrescere« = »abnehmen«, dann nimmt er zu – er lügt ja.

Allerdings stimmt das nur auf der Nordhalbkugel der Erde, auf der Südhalbkugel lügt die Eselsbrücke.

DOC

D der Mond nimmt zu
O Vollmond
C der Mond nimmt ab

**Stiller Zug (1), leichte (2) Brise (3)
Mäßig (4) frischer (5) Wind (6).
Steifer (7), stürmischer (8) Sturm (9)
Schwer (10)-artiger (11) Orkan (12).**

Windstärken

Bezeichnung	m/sek	km/h	Binnenland	auf See
Windstille	0,0–0,2	0–1	Rauch steigt senkrecht auf	spiegelglatte See
leichter Zug	0,3–1,5	1–5	Wind durch Rauchablenkung sichtbar	kleine Kräuselwellen
leichte Brise	1,6–3,3	6–11	Wind im Gesicht spürbar	kleine Wellen mit glasigen Kämmen
schwache Brise	3,4–5,4	12–19	Blätter und dünne Zweige bewegen sich	Wellenkämme bilden einzelne Schaumköpfe
mäßige Brise	5,5–7,9	20–28	Wimpel gestreckt, loses Papier fliegt	Wellen werden länger und beginnen zu brechen, Ausbreitung weißer Schaumköpfe
frische Brise	8–10,7	29–38	größere Zweige bewegen sich	mäßige Wellen, weiße Schaumkämme
starker Wind	10,8–13,8	39–49	starke Äste bewegen sich, knatternde Fahnen	große Wellen, Kämme brechen, etwas Gischt

Bezeichnung	m/sek	km/h	Binnenland	auf See
steifer Wind	13,9–17,1	50–61	Bäume bewegen sich	Wasser aufgewühlt, Schaum legt sich in Streifen gegen die Windrichtung
stürmischer Wind	17,2–20,7	62–74	Autos geraten ins Schleudern	mäßig hohe Wellenberge, von den Wellenkanten beginnt Gischt abzuwehen
Sturm	20,8–24,4	75–88	kleinere Beschädigungen	hohe Wellenberge, dichte Schaumstreifen, Gischt hemmt die Sicht
schwerer Sturm	24,5–28,4	89–102	entwurzelte Bäume, bedeutende Schäden	Sichtbeeinträchtigung durch Gischt; See »schäumt«; sehr große Wellen mit überbrechenden Kämmen
orkanartiger Sturm	28,5–32,6	103–117	schwere Sturmschäden	sehr hohe Wellen; schlechte Sicht; Gischt in der Luft
Orkan	32,7–36,9	118–133	schwerste Verwüstungen	Luft ist mit Schaum und Gischt gefüllt; See erscheint weiß; Sicht stark herabgesetzt

Cirrus, Stratus, Cumulus und Nimbus.

Das sind die drei Grundtypen von Wolken, die man unterscheidet. Die Wolken wurden erstmals 1802 von Luke Howard klassifiziert.

Er teilte sie in Cirrus (Schleierwolken), Stratus (Schichtwolken), Cumulus (Haufenwolken) und Nimbus (Regenwolken) ein.

Heute werden in der Meteorologie die Wolken anhand ihrer Höhe eingeteilt, wobei für die mittleren Breitengrade folgende Gliederung gilt:

1. Hohe Wolken	Cirrus Cirrostratus Cirrocumulus	6–12 km
2. Mittelhohe Wolken	Altocumulus Altostratus	2–6 km

3. Tiefe Wolken	Stratocumulus Stratus	0–2 km
4. Wolken großer vertikaler Mächtigkeit	Cumulus Cumulonimbus Nimbostratus	0–12 km

BLORHU
TAITOZY

Damit kann mann sich die verschiedenen Bezeichnungen für Wirbelstürme merken:

BL = Blizzard
OR = Orkan
HU = Hurrikan
TAI = Taifun
TO = Tornado
ZY = Zyklon

Wenn die Schwalben tiefer fliegen, werden wir bald Regen kriegen.

Alte Wetterregel, dennoch vielen nicht mehr bekannt, weil man kaum mehr Schwalben in der unmittelbaren Umgebung beobachten kann, zumindest nicht in Städten. Übrigens: Die Schwalben fliegen tiefer, weil ihre Nahrung, die Insekten, bei drohendem Regen tiefer fliegen.

Morgenrot in Ost,
bringt die beste Wetterpost.

Eine alte Wetterregel, die schönes Wetter verspricht.

**Asche macht der Laus
auf die Dauer den Garaus.**

**Soll der Samen schneller sprießen,
musst du vor dem Säen gießen.**

**Tomaten beim Kohl,
Raupen, lebt wohl!**

Solche »Bauernregeln« sind altes, heute oft vergessenes Wissen, das sehr nützlich sein kann. Denn tatsächlich soll der Geruch der Tomaten den Kohl vor Schädlingen wie z. B. dem Kohlweißling schützen.

Bitte, Gärtner, rupfe nie –
ein Blatt ab vom Sellerie.

Zucker mit Petroleum –
Ameis' kehr schon um.

Am schönsten ist der Erfolg, der nicht so willig kommt wie eine zahme Hauskatze, sondern den man zwingen und beherrschen lernen muss wie ein wildes Pferd. (Peter Ustinov)

Wer schaffen will, muss fröhlich sein. (Theodor Fontane)

In der Schule fragt der Lehrer: »Wer kann mir die drei Eisheiligen nennen?« Meldet sich der kleine Peter: »Langnese, Schoeller und Dr. Oetker.«

Der Vater will vom Sohnemann wissen, was er heute in der Schule gemacht hat. »Wir mussten einen Aufsatz schreiben: Wie meine Eltern sich kennen lernten. Ich habe geschrieben, dass ihr euch auf einer Bergwanderung kennen gelernt habt.« – »Ja, das stimmt. Und welche Überschrift hast du gewählt?« – »Ein Opfer der Berge!«

Mathematik

Der Nullen sechs hat die Million,
mit neun glänzt die Milliarde schon,
es folgt mit zwölf ihr die Billion,
zuletzt mit achtzehn die Trillion.

Der Spruch ist auf jeden Fall viel besser als die nackten Zahlen:

Million:	1.000.000
Milliarde:	1.000.000.000
Billion:	1.000.000.000.000
Trillion:	1.000.000.000.000.000.000

Zwischendrin gibt es allerdings noch die Billiarde mit 15 Nullen.
Billiarde: 1.000.000.000.000.000.

Noch ein Stolperstein: Die amerikanische Billion ist das Gleiche wie die europäische Milliarde – dies wird nicht selten von Journalisten und Zeitungsredakteuren vergessen, wenn sie Informationen aus den USA übernehmen.

Deka – Hekto – Kilo
x 10 x 100 x 1000

Ein Dekaliter sind 10, ein Hektoliter 100 Liter, ein Kilometer sind 1000 Meter.

Dezi – Zenti – Milli
: 10 : 100 : 1000

Ein Dezimeter ist der 10te, ein Zentimeter der 100ste, ein Millimeter der 1000ste Teil eines Meters.

1 m = 10 dm = 100 cm = 1000 mm

Hundert qm (m^2) sind ein Ar,
zehntausend qm (m^2) ein Hektar.

Ein Ar entspricht 100 m^2, ein Hektar entspricht 10.000 m^2.

A plus B wird eine Summe,

A minus B zur Differenz,

A mal B Produkt man nennt, und

A geteilt durch B ist ein Quotient.

Die Summe entspricht dem Ergebnis der Addition,
die Differenz dem Ergebnis der Subtraktion,
das Produkt dem Ergebnis der Multiplikation und
der Quotient dem Ergebnis der Division.

Alles klar?

Die Begriffe stammen alle aus dem Lateinischen. Nur in der Grundschule spricht man noch vom »Hinzufügen«, »Abziehen«, »Malnehmen« und »Teilen«.

kleiner < größer

größer > kleiner

Eigentlich existiert überhaupt kein Rätsel um einen angeblichen Unterschied, weil > und < mathematisch gesehen ein und dasselbe Symbol sind. Entscheidend ist nämlich nur, auf welcher Seite was steht, und das kann man sich leicht merken. Wo der Schnabel aufgeht, da steht das Größere, an der Spitze das Kleinere. D. h. 3 < 5 (gesprochen: 3 kleiner als 5) ist dasselbe wie 5 > 3 (gesprochen: 5 größer als 3) und korrekt, während 5 < 3 bzw. 3 > 5 falsch sind.

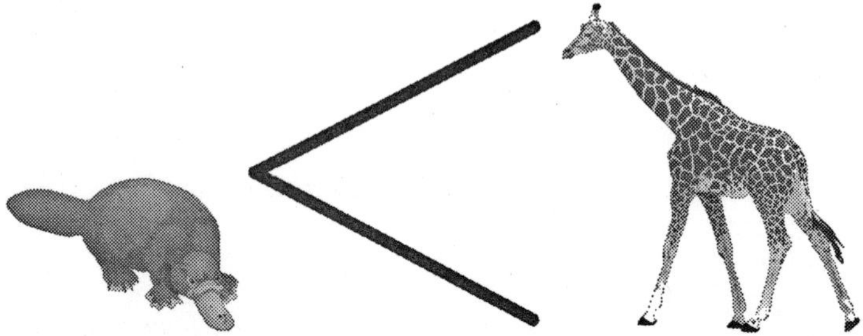

∪ kontra ∩

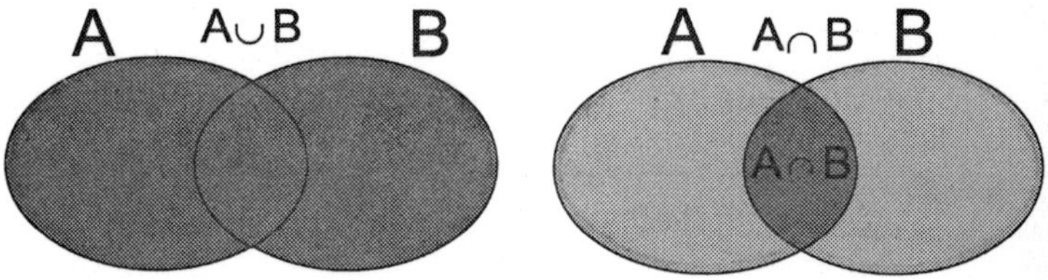

Die Symbole für die Vereinigung bzw. den Durchschnitt von Mengen werden schon gerne verwechselt. Dabei ist es ganz einfach: Worin alles komplett zu einer einzigen Menge vereinigt wird, das ist eine Schüssel ∪. Das andere ergibt sich dann von selbst.

$\wedge$ = und, weil es unten offen ist

$\vee$ = oder, weil es oben offen ist

Die Zeichen für logisches »und« ($\wedge$) bzw. »oder« ($\vee$) kann man damit sehr leicht auseinander halten. Die Fachbegriffe dafür lauten:

$\wedge$ = Konjunktion
$\vee$ = Disjunktion

Diese Symbole werden in der mathematischen Aussagenlogik verwendet, um Verknüpfungen zu definieren.

Die Konjunktion hat die Wahrheitsfunktion »und/et« und die Bedeutung:

$p \wedge q$ = p et q (sowohl p als auch q)

Die Disjunktion hat die Wahrheitsfunktion »oder/vel« und die Bedeutung:

$p \vee q$ = p oder q oder beide

Lateiner haben es hier (wie so oft) etwas leichter:

Die Disjunktion entspricht dem lateinischen »vel«, und dessen erster Buchstabe »v« dient eben genau als das verwendete Symbol $\vee$.

**Punktrechnung vor Strichrechnung geht,
die Klammer über allem steht.**

Oder:

KLAPS = Klammer geht vor Punkt- und Strichrechnung.

Die so genannten Punktrechnungen Multiplikation und Division müssen in einem Term (ohne Klammern) vor den Strichrechnungen Addition und Subtraktion durchgeführt werden. Das ist eine Festlegung, auf die man sich geeinigt hat, um Klammern nur sehr sparsam setzen zu müssen.

Ohne diese Regelung müsste man den Term $2 + 3 \times 2$ von links nach rechts durchrechnen und würde das Ergebnis 10 erhalten. Mit der bestehenden Regelung muss aber erst 3×2 ausgerechnet werden, dann wird das Zwischenergebnis mit 2 zusammengezählt zum Endergebnis 8.

Mit dieser Regelung muss man den Term mit Klammern versehen, um zwingend das Ergebnis 10 zu erhalten: $(2 + 3) \times 2$.

$$2 + 3 \times 2 = 2 + 6 = 8$$

$$\neq$$

$$(2 + 3) \times 2 = (5) \times 2 = 10$$

+ wird ersetzt mit »dafür«

– wird ersetzt mit »dagegen«

Das hilft beim Behalten der Vorzeichenregelung, wenn positive und negative Zahlen multipliziert und dividiert werden müssen:

Ich bin dafür, dass man dafür ist, also bin ich dafür:
+ mal/dividiert + = +

Ich bin dafür, dass man dagegen ist, also bin ich dagegen:
+ mal/dividiert – = –

Ich bin dagegen, dass man dafür ist, also bin ich dagegen:
– mal/dividiert + = –

Ich bin dagegen, dass man dagegen ist, also bin ich dafür:
– mal/dividiert – = +

$2 \times 3 = 6$
$2 \times (-3) = -6$
$(-2) \times 3 = -6$
$(-2) \times (-3) = 6$

**Differenzen und Summen
kürzen nur die Dummen!**

Oder:

**Wer in einer Summe kürzt,
wird ins Binger Loch gestürzt.**

Das gehört zum Bruchrechnen. Es soll ja immer wieder Schüler (und andere) geben, die Brüche kürzen, wo im Zähler oder Nenner oder gar in beiden erst noch Additionen oder Subtraktionen durchzuführen sind – diese natürlich zuerst. Nur Produkte im Zähler bzw. Nenner dürfen gekürzt werden. Solche kann man eventuell aus einer Addition oder Subtraktion durch Ausklammern bilden. Dann darf auch gekürzt werden.

Aber man darf auf keinen Fall (5+3)/(4+3) zu 5/4 vereinfachen!

**Bereitet dir das Dividieren Qual,
so spricht der Bruch: dreh mich um
und nimm mich mal**

Das ist ein Merkvers für die Division von Brüchen.

**Potenzen und Summen
radizieren nur die Dummen.**

Wenn man aus $4 + 4$ die Quadratwurzel zieht, dann muss man zuerst die Summe bilden. Bei der Potenz ist das ähnlich. Aus $\sqrt{4^3}$ darf man auf keinen Fall durch Ziehen der Quadratwurzel 2^3 machen, sondern muss erst 4^3 ausrechnen, um dann das Ergebnis zu radizieren.

Durch Null teile nie, dies bricht dir das Knie.

In der Mathematik ist die Teilung einer Zahl durch Null nicht definiert. Das Ergebnis wäre unendlich groß, was man sich leicht klarmachen kann, wenn man mal versuchsweise eine Zahl durch immer kleinere Divisoren teilt:

10/10 = 1
10/1 = 10
10/0,1 = 100
10/0,01 = 1.000
10/0,001 = 10.000
10/0,0001 = 100.000
10/0,00001 = 1.000.000
10/0,000001 = 10.000.000
10/0,0000001 = 100.000.000
10/0,00000001 = 1.000.000.000
10/0,000000001 = 10.000.000.000

FOIL

First, **O**uter, **I**nner, **L**ast

Binomische Formeln rechnet man leicht falsch aus. Das Kunstwort »FOIL« hilft, die Wörter beziehen sich dabei auf die Positionen von a, b, c und d:

$(a+b)\times(c+d) = ac$ (first) + ad (outer) + bc (inner) + bd (last)

**Zwei Punkte begrenzen die Strecken,
die Strahlen sind einmal fixiert.
Wo unbegrenzt sich Linien recken,
sind sie als Geraden notiert.**

Die Geometrie unterscheidet da sehr genau. Die kürzeste Entfernung zwischen zwei Punkt ist eine Strecke, eine Linie von einem Punkt ausgehend ins Unendliche ist ein Strahl, eine beiderseits ins Unendliche reichende Linie eine Gerade.

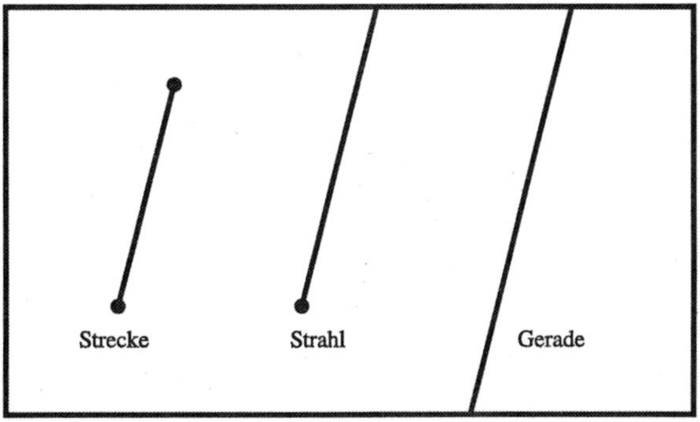

Es ist wohl π (Pi) die Größe, die mir den Kopf verdreht:
Ist's doch, o jerum, schwierig zu wissen, wofür sie steht.

Oder (kürzer):

May I have a large container of orange juice?

Die Kreiszahl π hat bekannterweise keinerlei Regelmäßigkeit in ihren Nachkommastellen. Hat man mal gerade keinen wissenschaftlichen Taschenrechner zur Hand, könnte die Eselsbrücke weiterhelfen. Die Anzahl der Buchstaben pro Wort bilden den Anfang von π, oft auch Ludolf'sche Zahl genannt:

ist'/may:	3,
s/I:	1
doch/have:	4
o/a:	1
jerum/large:	5
schwierig/container:	9
zu/of:	2
wissen/orange:	6
wofür/juice:	5
sie:	3
steht:	5

3,1415926535

Tu aideras à rappeler ta quantité à beaucoup de docteurs amis.

Oder:

We require a mnemonic to remember e whenever we scribble math.

Wer auch nur ein bisschen in die höhere Mathematik hineinschnuppert, kommt um die Euler'sche Zahl e, benannt nach einem berühmtem Mathematiker, nicht herum. Wie bei der vorhergehenden Eselsbrücke kann man hier mit den Merksätzen den Anfang dieser in den Nachkommastellen ebenfalls unendlichen Zahl durch die Anzahl der Buchstaben pro Wort reproduzieren:

tu/we:	2,
aideras/require:	7
à/a:	1
rappeler/mnemonic:	8
ta/to:	2
quantité/remember:	8
à/e:	1
beaucoup/whenever:	8
de/we:	2
docteurs/scribble:	8
amis/math:	4

2,7182818284

Schon der alte Pythagoras bewiesen hat: $C^2 = A^2 + B^2$

Dem rechtwinkligen Dreieck werden Sie weiter unten noch bei der Definition der trigonometrischen Funktionen begegnen. Aber die einfachere Mathematik begnügt sich mit der geradezu ästhetischen Anmut des pythagoreischen Lehrsatzes, der besagt, dass das Quadrat der Hypotenuse in einem rechtwinkligen Dreieck gleich der Summe der Quadrate der Katheten ist.

Haben wir z. B. ein rechtwinkliges Dreieck mit den Katheten $a = 4$ und $b = 3$, dann hat die Hypotenuse die Länge 5.

(Wer es nicht weiß: Die Hypotenuse ist die Seite gegenüber dem rechten Winkel.)

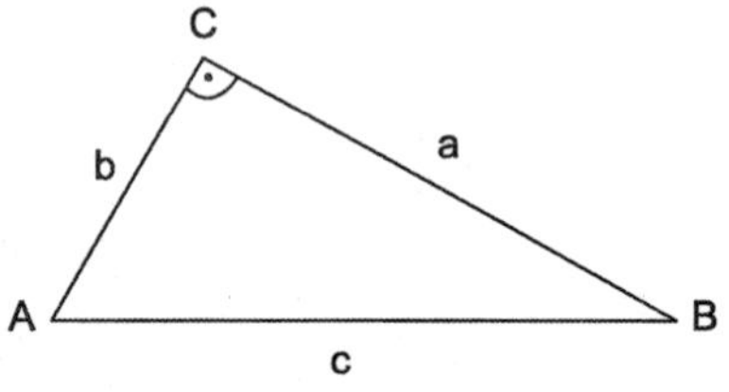

Das Vierflach ist ein Tetraeder, das Achtflach nennt man Oktaeder.

Ein Tetraeder (von griechisch »tetra« = vier) ist ein Körper, dessen Oberfläche aus vier gleichseitigen Dreiecken definiert wird – nichts anderes als eine dreiseitige Pyramide. Einen Oktaeder (von griechisch »okto« = acht) kann man sich als zwei vierseitige Pyramiden vorstellen, die an der Grundfläche zusammengeklebt sind.

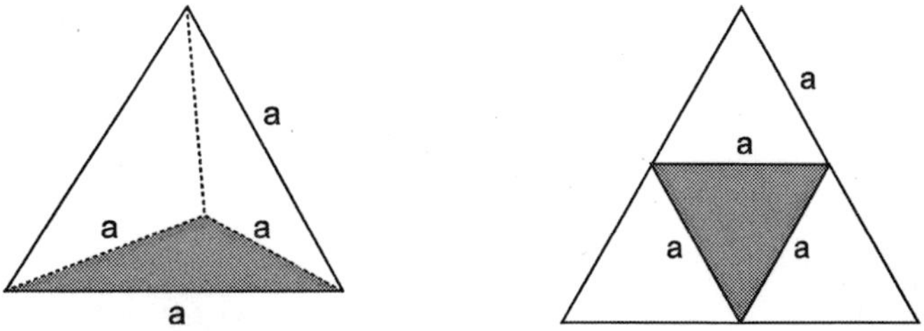

Ein Tetraeder und seine Abwicklung

Innen hat die Kugelei
vier Drittel mal π mal r hoch drei.

Das Volumen, also das Innere einer Kugel, berechnet sich nach der Formel:

$$V = 4/3 \times \pi \times r^3$$

Und was sie auf dem Buckel hat,
ist vier mal π mal r Quadrat.

Die Oberfläche, also der Buckel einer Kugel berechnet sich nach der Formel:

$$O = 4 \times \pi \times r^2$$

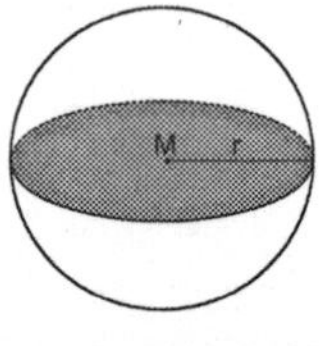

Die Abszisse verläuft waagrecht,

die Ordinate hingegen lotrecht.

Damit haben sogar erfahrene Mathematiker gelegentlich Schwierigkeiten – weil sie diese Eselsbrücke nicht kennen.

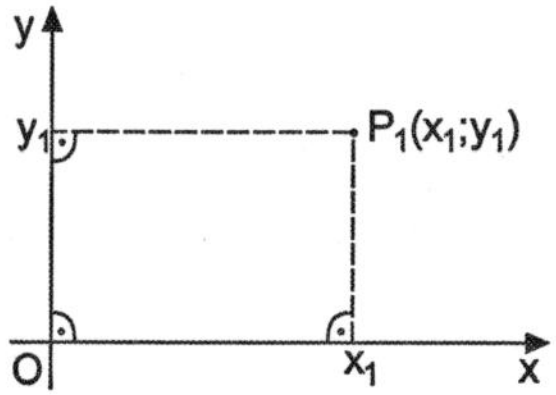

Kartesisches Koordinatensystem

O:	Ursprung des Koordinatensystems, Nullpunkt
x:	Abszisse
y:	Ordinate
x_1, y_1:	kartesische Koordinaten von P_1

Beispiel: $x = 3, y = 2 \rightarrow P(3;2)$

Geht der rechte Daumen zum Zeigefinger, dann schraubt sich der Mittelfinger in den Raum.

Zugegeben, der ausgestreckte Mittelfinger hat spätestens seit der öffentlichen Verwendung durch einen bestimmten Fußballer eine ganz andere Bedeutung. In der Mathematik aber wurde für die Orientierung von Koordinatensystem und Vektorprodukt die Rechtshändigkeit festgelegt. Wenn an der rechten Hand Daumen und Zeigefinger die erste und zweite Richtung (Achse, Koordinate, Vektor) repräsentieren, dann zeigt der Mittelfinger in die dritte.

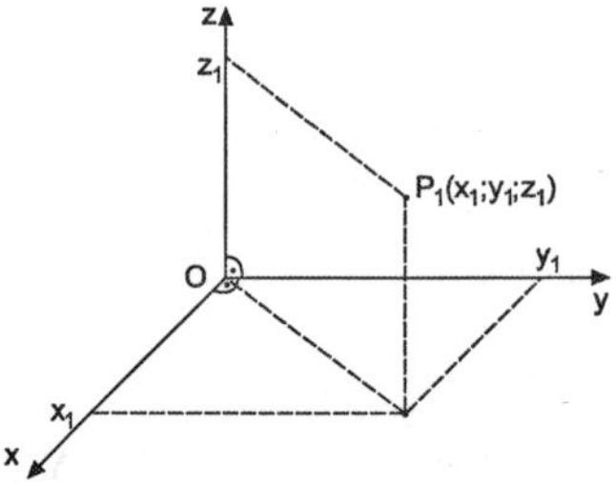

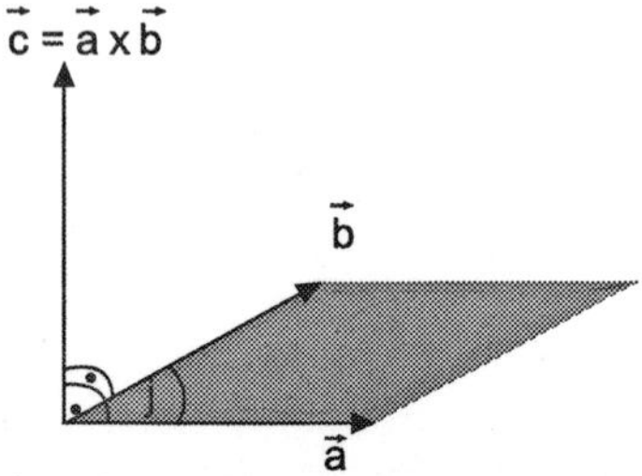

KJP durch 100

Damit berechnet man die Zinsen: **K**apital mal **J**ahre mal **P**rozentsatz geteilt durch 100.

Mit »GAL« wird keine Aufgabe zur Qual!

Textaufgaben sind nur zur Folter von Schülern da – zumindest nach Meinung der Schüler. Ganz abwegig ist das nicht, wenn man die völlige Realitätsferne so mancher theoretischer Aufgaben betrachtet. Aber gelöst werden müssen sie dennoch. Geht man mit GAL vor, dann gelingt's auch:

G wie gegeben, gesucht:
Bei einer mathematischen Aufgabe gibt es immer vorgegebene und gesuchte Werte und Größen. Mit den vorgegebenen wird gearbeitet, die gesuchten sind x.

A wie Ansatz und **L** wie Lösung:
Hat man die gegebenen und gesuchten Größen, dann muss man einen Ansatz entwickeln, der zur Lösung führt.

Der Geist bewegt die Materie. (Vergil)

Übung macht den Meister. (Deutsches Sprichwort)

Die Lehrerin zur Klasse: »Heute rechnen wir zum ersten Mal mit Computern. Also, Andi, wie viel sind zwei Computer plus drei Computer?«

Der Lehrer fragt den Schüler: »Du solltest das Diktat dreimal abschreiben, weil du in Deutsch schwach bist – weshalb hast du es nur zweimal abgeschrieben?« – »Weil ich in Mathe auch schwach bin!«

Physik

Eines Dings Geschwindigkeit:
Weg durch die gebrauchte Zeit.

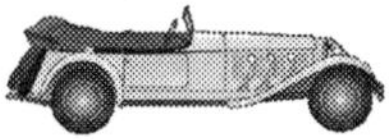

Die Physik definiert:
Bei einer gleichförmigen, geradlinigen Translation/Bewegung bleibt die Geschwindigkeit v konstant:

$$V = \frac{S\ (\text{Strecke})}{t\ (\text{Zeit})}$$

Mit einem Beispiel tun wir uns sicher leichter:
Ein Auto fährt eine Strecke von 20 km in einer halben Stunde.

$$v = \frac{20\,\text{km}}{0{,}5\,\text{h}} = 40\frac{\text{km}}{\text{h}} = \frac{40000\,\text{m}}{3600\,\text{s}} = 11{,}11\frac{\text{m}}{\text{s}}$$

**Dich immer gleichmäßig beweg,
dann ist Geschwindigkeit mal Zeit dein Weg.**

**Beschleunigung mal Zeit im Quadrat durch zwei
ergibt ’ne ziemliche Raserei.**

Kennt man die gleichmäßige Geschwindigkeit eines Fahrzeugs, kann man sehr einfach rechnen:

Weg = Geschwindigkeit × Zeit.

Schwieriger wird es bei beschleunigter Bewegung. Solange diese linear erfolgt, die Geschwindigkeit also gleichmäßig verändert wird, kann man noch eine einfache Formel verwenden:

Weg = Beschleunigung x (Zeit im Quadrat) / 2

Für ungleichmäßig beschleunigte Bewegungen muss man dann schon zu Mitteln der Differenzial- und Integralrechnung greifen.

Was man nicht im Kopf hat, hat man in den Beinen.

Rein physikalisch gesehen, muss eine Masse über eine bestimmte Strecke beschleunigt werden, um Arbeit zu verrichten, z. B. wenn man ein Gewicht vom Boden entgegen der Schwerkraft in die Höhe hievt. Befasst man sich näher mit diesem zunächst unscheinbaren Gesetz, dann stößt man schnell auf die Fundamente der Physik wie die Konzepte der Masse, der Gleichheit von Beschleunigung und Gravitation, des Unterschiedes von gleichmäßiger und beschleunigter Bewegung usw.

Wem das zu schwierig ist, der merke sich: Arbeit ist Kraft × Weg ($W = F \times S$), oder eben: Was man nicht im Kopf hat …

Ein konkretes Beispiel:

Eine Masse von 10 kg wird 2,5 m angehoben.

$$W_H = 10\,\text{kg} \cdot 9{,}81 \frac{\text{m}}{\text{s}^2} \cdot 2{,}5\,\text{m} = 245{,}25\,\text{J}$$

(H = Höhe; J = Joule)

Leistung ist die Arbeit geteilt durch ihre Zeit.

Das Verhältnis von erbrachter Arbeit zur benötigten Arbeitszeit ist die Leistung P, hierzu am besten ein Beispiel:

Ein Körper mit der Gewichtskraft 1000 N wird in 10 Sekunden um 2 Meter bewegt.

$$P = \frac{1000\,N \cdot 2\,m}{10s} = 200\frac{J}{s} = 200\,W$$

Wenn man sich dazu die physikalische Definition einmal ansieht, weiß man, wozu Eselsbrücken gut sind:

$$\mathbf{P} = \text{Watt}\,(W) = J \cdot s^{-1} = kg \cdot m^{2} \cdot s^{-3}$$

$$P = \frac{W}{t}$$

Wenn du eine lose Rolle hast,
du brauchst nur halbe Kraft für deine Last.

Wer das Prinzip Arbeit = Kraft × Weg verstanden hat (siehe oben), der braucht diese Eselsbrücke eigentlich nicht mehr, um den Kraftaufwand zu bestimmen, den man für einen Flaschenzug benötigt.

Wäre das aber so einfach, würde man nicht ständig Schüler damit hereinlegen. Dabei kann man auch einmal stur nach Regel vorgehen. Wenn das Ergebnis stimmt, weiß keiner, ob auch echtes Verständnis dahintersteckt: Man teilt die Gewichtskraft durch die doppelte Zahl der losen Rollen.

Warum? Eine lose Rolle verdoppelt die Länge der Seile, also den Weg, der bewältigt werden muss, was die Halbierung der aufzuwendenden Kraft bedeutet.

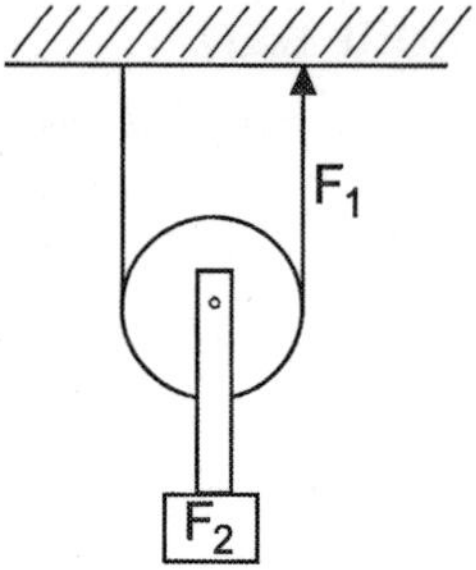

1. Beispiel:
Man braucht nur halbe Kraft F_1 zum Anheben von F_2.

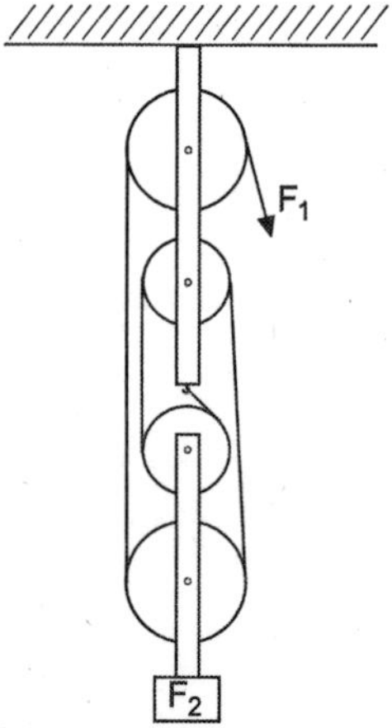

2. Beispiel:
Man braucht nur 1/4 Kraft F_1 zum Anheben von F_2, weil der Flaschenzug zwei lose Rollen hat.

Der Schall braucht Zeit:
Im Freien geht er in drei Sekunden tausend Meter weit.

Wann braucht man das? Wenn man schätzen möchte, wie weit ein Gewitter (noch) entfernt ist. Nach einem Blitz zählt man die Sekunden, bis der Donner zu hören ist. Die Zahl durch 3 geteilt ergibt dann die Entfernung in Kilometer.

**Ist die Schale konkav, bleibt die Suppe brav,
ist die Schale konvex, macht die Suppe klecks!**

Oder:

**War die Tochter brav,
ist der Bauch konkav.
Hat die Tochter Sex,
ist der Bauch konvex.**

Kaum zu glauben, aber auch für gestandene Physiker ist es manchmal ein Problem, die Form von Linsen und Spiegeln korrekt zu benennen – es sei denn, sie kennen Merkverse wie diese.

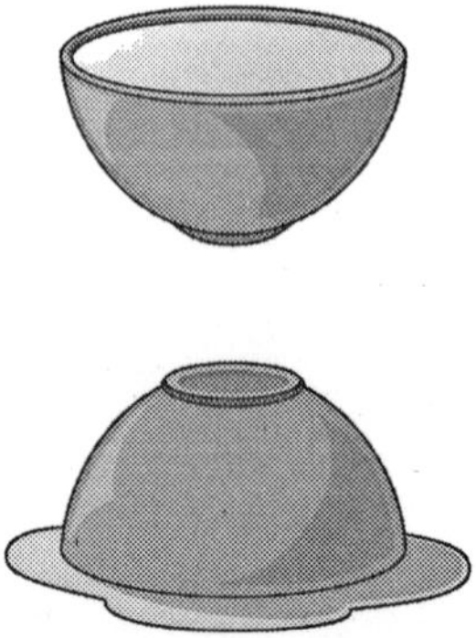

Omega ist,
das weiß ich,
n mal Pi (π) durch dreißig.

In der Technik ist es oft üblich, eine Rotation mit Umdrehungen pro Minute anzugeben, wenn es sich um keine allzu schnellen Geschwindigkeiten handelt, ansonsten Umdrehungen pro Sekunde. Beides ist die Drehzahl bzw. Drehfrequenz.
Wie wandelt man das um? Ganz einfach: z. B. sind 180 Umdrehungen pro Minute gleichbedeutend mit 3 Umdrehungen pro Sekunde, d. h., der erste Wert wird durch 60 geteilt.

Die Kreisfrequenz ω ist definiert als Produkt aus 2 mal π mal Drehfrequenz (pro Sekunde). In unserem Beispiel ausgehend von Umdrehungen pro Sekunde
$\omega = 2 \times \pi \times 3 = 6 \times \pi$
bzw. nach unserer Eselsbrücke ausgehend von der Umdrehung pro Minute:
$180 \times \pi / 30 = 6 \times \pi$

Drei viertel PS gibt Kilowatt.

Wie viel Kilowatt hat Ihr Auto? Keine Ahnung? Na ja, 90 PS sind eben mal 67,5 Kilowatt – klar, dass kein Autohändler mit der kleineren Zahl für seine Nobelkarossen wirbt.

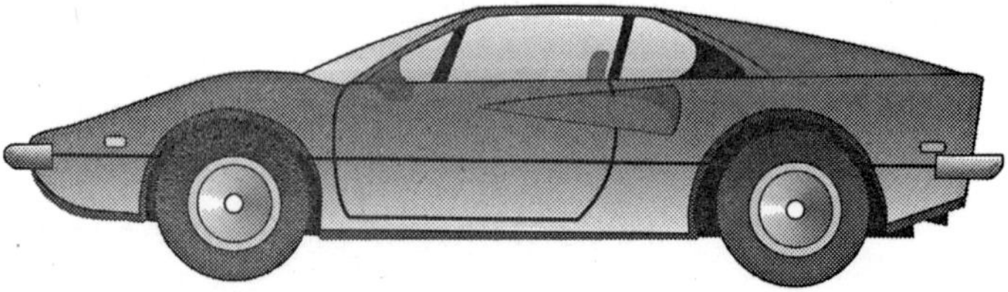

Auf der Erde noch so schwer, auf dem Mond nur noch'n Sechstel mehr.

Wie schön wär es für manche(n), wenn man auf dem Mond auf die Waage steigen könnte. Man würde nur noch ein Sechstel dessen wiegen, was die Waage auf der Erde anzeigt.

Allerdings: Physikalisch korrekt betrachtet, hat man auf dem Mond genauso viele Kilogramm Masse wie auf der Erde oder im schwerelosen Weltall. Das Gewicht wird nämlich gar nicht in Kilos und Pfunden, sondern in Newton gemessen.

Man merke, dass das Wort »Atom«
nicht Schöpfung ist des alten Rom.
Vielmehr im Griechischen erscheint,
wo damit »unteilbar« ist gemeint.

Der Name trifft eigentlich nicht mehr zu, seit die Kernspaltung möglich ist. Was wir heute mit dem griechischen Wort für »Unteilbares« bezeichnen, ist es schon lange nicht mehr. Die Jagd nach den kleinsten, wirklich nicht mehr zerlegbaren Teilchen ist immer noch nicht beendet.

Das Proton ist positiv geladen,
das Elektron ist negativ.

Und hier haben wir auch schon (siehe vorhergehendes Beispiel) zwei Teilchen, aus denen ein Atom u. a. besteht. Die Relationen von **o** bzw. **e** helfen bei der richtigen Zuordnung der Ladung.

Kanton URI

Das Ohm'sche Gesetz verknüpft Widerstand, Spannung und Stromstärke. Die Formel merkt man sich am leichtesten mit Hilfe des Namens des Schweizer Kantons URI:

$U = R \times I$
U = Spannung, R = Widerstand und I = Stromstärke

Volt mal Ampere ergibt in Watt, was der Strom geleistet hat.

Oder:

P(f)UI

Entsprechend dem Ohm'schen Gesetz (siehe vorhergehendes Beispiel) kann man sich mit PUI oder P(f)UI auch leicht die Verknüpfung von Leistung, Spannung und Stromstärke merken:

$P = U \times I$
P = Leistung, U = Spannung und I = Stromstärke

Der Anker und der Feldmagnet
bewirken, dass der Motor sich dreht.

In einem Elektromotor bewirkt das Zusammenspiel der magnetischen Felder von starrem Feldmagnet und beweglichem Anker die Drehbewegung.

Der den Wechselstrom umspannt,
Transformator wird genannt.

Gute Leiter sind Kohle,
ferner sämtliche Metalle,
auch die Lösungen von Laugen,
Säuren, Salz in Wasser alle.

Wussten Sie, dass destilliertes Wasser ein schlechter Stromleiter ist? Erst die Lösung von verschiedenen Mineralien in normalem Wasser macht es zu einem guten Leiter.

Anode – Kathode

Die Anode ist positiv, weil die Kathode negativ ist. Woher man das weiß? Der Querstrich des »t« in Kathode ist das Minuszeichen.

Beim Kondensator eilt der Strom vor.
Bei Induktivitäten die Ströme sich verspäten.

Das ist was für den Wechselstromtechniker, der sich mit der Phasenverschiebung auskennen muss. Beim Kondensator im Wechselstromkreis eilt der Strom der Spannung voraus, bei Induktivität ist es umgekehrt.

Nord ist rot und Süd ist grün.

Auf Magneten werden die beiden Pole oft farbig gekennzeichnet. Wie, sagt uns die sprachliche Relation von Polen und Farben.

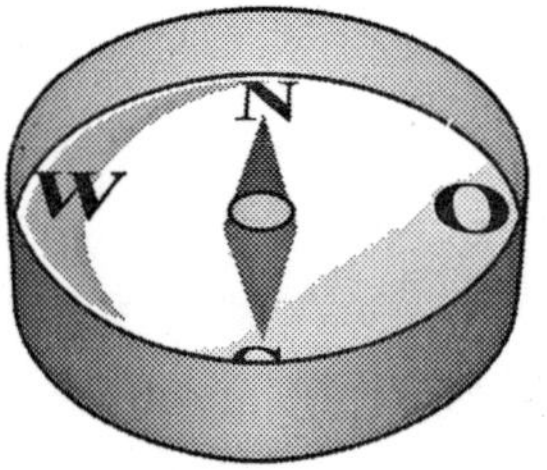

Am Nordpol geht es ’naus der Südpol saugt es auf.

Zwischen den beiden Polen eines Magneten befindet sich das unsichtbare Magnetfeld, dessen Ausrichtung von Nord nach Süd verläuft.

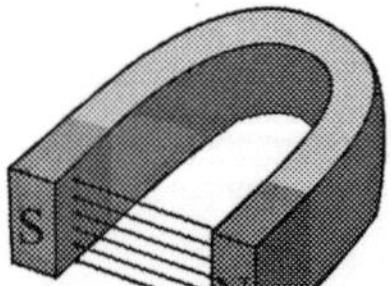

Otto denkt ans Verdienen durch Arbeit und gutes Auskommen.

Der Viertaktmotor nach Otto hat die Aktionen

1. **Ans**augtakt,
2. **Verdi**chtungstakt,
3. **Arbeit**stakt und
4. **Aus**pufftakt.

D. h., der Merkspruch hilft bei Benennung und richtiger Reihenfolge.

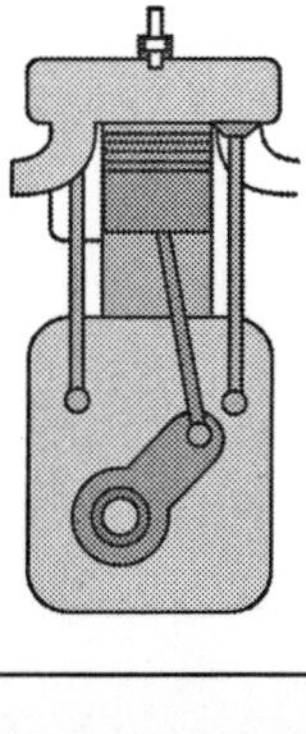

Richard Of York Gave Battle In Vain.

Oder:

Roy G. Biv

Die Farben des Spektrums in der richtigen Reihenfolge – mit diesem Spruch bzw. dem erfundenen Namen gelingt's.

Red, **O**range, **Y**ellow, **G**reen, **B**lue, **I**ndigo, **V**iolet
[**R**ot, **O**range, Gelb, **G**rün, **B**lau, **I**ndigo, **V**iolett]

An der Anode
kommen
die Elektronen an.

S, T oder R an Schalter
MP an Lampe

Dahinter steckt, dass man bei Lampen- oder sonstigen Schaltungen eines elektrischen Betriebsmittels immer den Außenleiter, also den gegen Erde Spannung führenden Leiter (früher R, S, T, heute L1, L2, L3) über den Schalter führen muss. Der Neutralleiter N (früher Mp für Mittelpunktsleiter) wird dagegen fest an das Betriebsmittel angeschlossen. Er wird in der Regel nicht geschaltet, außer in bestimmten Sonderfällen. Damit herrscht bei Arbeiten keine Gefahr, (auch) wenn der Schalter auf »Aus« ist.

Stopp bei Rot oder Gelb!
Grün bietet viel gefahrloseren Weg.

Widerstände sind mit einem internationalen Farbcode gekennzeichnet, den man mit dieser Eselsbrücke übersetzen kann:

Schwarz	0
Braun	1
Rot	2
Orange	3
Gelb	4
Grün	5
Blau	6
Violett	7
Grau	8
Weiß	9

ALKUMOTATIV

Die Legierungsbestandteile des Stahls mit dem Teiler 10:

AL = Aluminium
KU = Kupfer
MO = Molybdän
TA = Tantal
TI = Titan
V = Vanadium

NICROMANSIKOV

Die Legierungsbestandteile des normierten Stahls mit dem Teiler 4:

NI = Nickel
CRO = Chrom
MAN = Mangan
SI = Silizium
CO = Cobalt
W = Wolfram

Lefty – loosey, righty – tighty.

Ist zwar nur eine Konvention, denn generell könnten Schrauben oder Glühbirnen auch genau umgekehrt konstruiert sein, aber bei uns gilt: Nach rechts dreht man sie fest, links lockert man sie wieder.

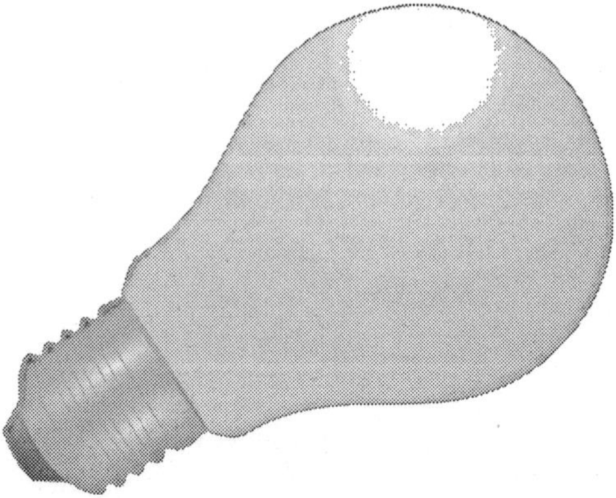

Nur Querköpfe ändern ihre Meinung nicht.
(Albert Einstein)

Fantasie ist wichtiger als Wissen. (Albert Einstein)

Drei Jungen unterhalten sich auf dem Heimweg von der Schule: »Was machen wir denn heute noch?« – »Am besten wir werfen eine Münze. Bei Kopf gehen wir schwimmen, bei Zahl spielen wir Fußball.« – »Gute Idee«, stimmt der dritte zu, »und wenn sie auf der Kante stehen bleibt, machen wir unsere Hausaufgaben.«

Der Lehrer am Elternabend zu einer Mutter: »Ihr Sohn hat einen unglaublichen Wissensdurst.« – »Ja, ich weiß. Das Wissen hat er von mir, den Durst von seinem Vater.«

Verkehr und Kommunikation

Spring forward – fall back

Oder:

Im Frühjahr holt man die Gartenmöbel hervor – im Herbst trägt man sie wieder zurück!

Zweimal im Jahr das große Rätselraten: Geht's vor oder zurück? Mit dieser Eselsbrücke kein Problem mehr.

Im Frühjahr wird zur Sommerzeit hin die Uhr nach vorne gestellt, im Herbst zur Winterzeit hin wieder zurück.

APJUNSENO

Monate mit 30 Tagen:
April, Juni, September, November

Anzahl Monatstage

Man bildet mit den Händen Fäuste. Der Knöchel links außen ist der Januar mit 31 Tagen, dann folgt die Vertiefung mit dem kurzen Februar, der Knöchel mit dem langen Monat März usw.
Wo die Fäuste zusammengelegt werden, treffen zwei Knöchel zusammen: Juli und August.

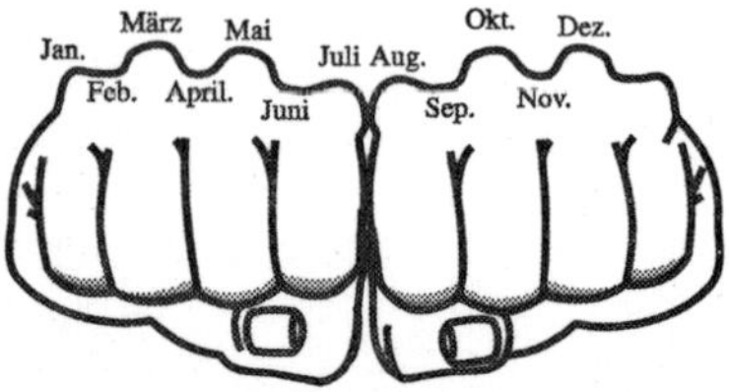

In rechter Ordnung lerne Jesu Passion.

Die sechs Passionssonntage:

Invokavit
Reminiszere
Okuli
Laetare
Judika
Palmarum

Links gehen – Gefahr sehen!

Außerhalb von Ortschaften sollte man entlang einer Straße links gehen, also dem Verkehr entgegen. Dann kann man herannahende Fahrzeuge meist schon lange sehen, bevor man sie deutlich hört.

Zebrastreifen zeigen jedem an, wo man sicher rüber kann.

Am Zebrastreifen hat jeder Autofahrer nicht nur freiwillig anzuhalten, sondern er muss dem Fußgänger sogar die Überquerung der Fahrbahn ermöglichen. Aber: Augenkontakt zum nahenden Fahrer des nächsten Fahrzeugs nicht vergessen, damit Sie sicher sein können, dass er Sie auch gesehen hat.

Bei Rot bleibst du stehen,
und bei Grün darfst du gehen.

Oder:

Rot heißt warten, Grün heißt starten.

Betrifft Fußgänger und Autofahrer gleichermaßen, wobei Erstere eindeutig im Nachteil sind, weil weniger gepanzert.

Erst links, dann rechts, dann gradeaus,
so kommst du sicher gut nach Haus.

Auch heute noch bei Grundschülern ein beliebter Merksatz.

Zeichen geben – länger leben!

Dieser Merkspruch erinnert den Radfahrer daran, dass er den übrigen Verkehrsteilnehmern unbedingt seine Absicht zum Abbiegen rechtzeitig kundtun sollte. Sonst spielt er mit seinem Leben.

Erst kommt der Ball – dann kommt das Kind,
tritt auf die Bremse bloß geschwind!

Reaktionsweg = Geschwindigkeit mal 3 geteilt durch 10 (Meter)

Bremsweg = Geschwindigkeit mal Geschwindigkeit geteilt durch 100 (Meter)

Anhalteweg = Reaktionsweg + Bremsweg

Lernt man in der Fahrschule und vergisst es sofort wieder. Dabei kann es absolut nicht schaden, sein Fahrverhalten darauf einzustellen.

Bei 50 km/h erhalten wir einen Anhalteweg von
$50 \times 3 / 10 + 50 \times 50 / 100 = 25$ Meter.

Bei 80 km/h erhalten wir einen Anhalteweg von
$80 \times 3 / 10 + 80 \times 80 / 100 = 88$ Meter.

Bei 100 km/h erhalten wir einen Anhalteweg von
$100 \times 3 / 10 + 100 \times 100 / 100 = 130$ Meter.

Halber Tachostand

Den nötigen Mindestabstand zu einem vorausfahrenden Fahrzeug berechnen wir nach der obigen einfachen Regel:

Bei 50 km/h erhalten wir 25 Meter Mindestabstand.

Bei 80 km/h erhalten wir 40 Meter Mindestabstand.

Bei 100 km/h erhalten wir 50 Meter Mindestabstand.

Die Betonung sollte auf »Mindest...« liegen. Es ist im Ernstfall sehr, sehr wenig und funktioniert nur sicher bei tadelloser Fahrbahn, einwandfreiem Fahrzeug und sofortiger Reaktion.

Rund und rot
heißt Verbot.

Ein Schild mit weißem Strich und rotem Ende
sagt dem Autofahrer: Wende!

Verkehrsunterricht steht nach wie vor auf dem Lehrplan für die Grundschulen. Eingängiger Merksatz für Verbotsschilder.

Vorfahrt gewähren!

Die Eselsbrücke besteht in der Form des Verkehrszeichen – ein »V« wie in »Vorfahrt«.

Die umgekehrte Form ähnelt dem »A« wie in »Achtung« und weist auf eine kommende Gefahrenstelle hin, die besondere Aufmerksamkeit erfordert.

Ordne dich beizeiten ein,
es wird dir gleich von Nutzen sein!

Schau, ob deine Vorfahrt frei,
siehst du ’n quadratisches Spiegelei.

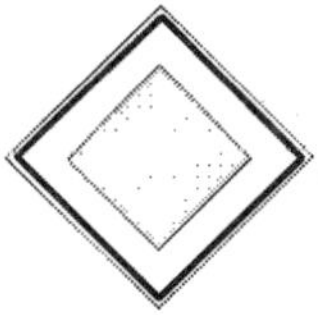

Ins Tal hinunter, schalt nicht herauf –
fahr so, als ginge es bergauf!

Automatikfahrer können das vergessen, aber bei Schaltgetriebe muss man abwärts die Bremswirkung des Motors mit ausnutzen, damit die Bremsen nicht heiß werden.

Erst Halten – dann schalten!

Oder:

Halten – und schalten!

Wie viele sind schon bei der Fahrprüfung durchgefallen, weil sie vergessen haben, in den ersten Gang zurückzuschalten. Das ist zunächst noch kein Fehler, aber beim Versuch, mit einem höheren Gang anzufahren, stirbt dem Anfänger der Motor ab, bevor er merkt, was los ist. Bleibt er dann mitten auf einer Kreuzung stehen, ist es um den Führerschein geschehen.

Siehst du des Polizisten Brust oder Rücken,
musst du auf die Bremse drücken.
Siehst du des Polizisten Seite:
Suche das Weite.

Oder kürzer:

Brust und Rücken
Bremse drücken!
Seitennaht
freie Fahrt!

Sieht man in Deutschland zwar nur selten, aber gerade dann sollte man sich schnell darauf einstellen können. Regelt ein Verkehrspolizist auf einer Kreuzung den Verkehr, dann darf nur gefahren werden, wenn man auf die »Seitennaht« schaut.

Steuerbord

Steuerbord ist rechts, Backbord entsprechend links.

Rechte Hand – links rot!

Diese Eselsbrücke hilft ebenfalls bei der Zuordnung von Steuer- und Backbord:
Wenn jemand mit seiner rechten Hand seinem Gegenüber eine Ohrfeige versetzt, dann bekommt dieser links eine rote Backe.
Also: Backbord ist links und rot, Steuerbord entsprechend rechts (und grün).

Luv => zum Wind

Lee => weg vom Wind

Für Landratten eine gute Eselsbrücke, um sich nicht zu sehr zu blamieren, wenn man mal zum Segeln eingeladen wird.

Luv ist die Seite, aus der der Wind kommt, Lee die windabgewandte Seite des Bootes. Die Entsprechungen erkennt man an den Buchstaben »u« und »e«.

Rot an Rot hat keine Not
Grün an Grün,
kannst du getrost vorüberziehn.

Die Seiten des Schiffes werden durch die Farben Rot und Grün unterschieden, den so genannten Positionslaternen.

Rot = Backbord, also links,
Grün = Steuerbord, also rechts.

Begegnen sich zwei Boote oder Schiffe in der Nacht, müssen sie darauf achten, dass entweder Rot an Rot oder Grün an Grün aneinander vorbeigleiten. Sie können sich das nicht vorstellen? Nehmen Sie zwei Streichholzschachteln und probieren Sie es aus! Dies ist eine gute Übung für die dreidimensionale Vorstellungskraft.

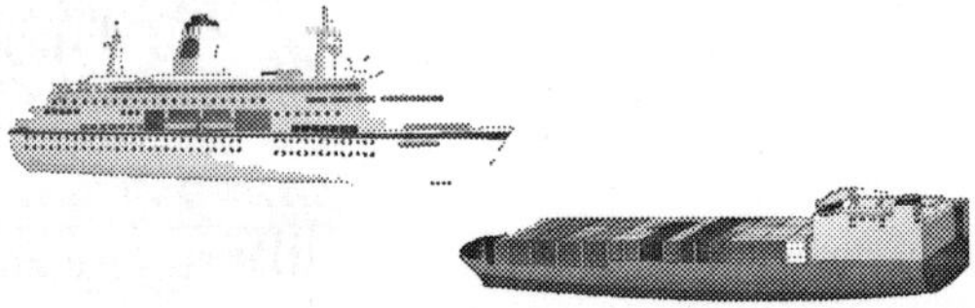

Im Winter sind die Berge höher. Vom Hoch ins Tief geht's schief.

Der Höhenmesser in Flugzeugen ist ein barometrisches Gerät, d. h. er misst den Luftdruck. Deshalb wird er vor dem Start jedesmal neu eingestellt. Mit steigender Höhe nimmt der Luftdruck bekanntlich ab (die Luft wird »dünner«), was der Höhenmesser in soundso viel Meter Höhe umrechnet. Nimmt der Luftdruck aber draußen aufgrund meteorologischer Veränderungen ab, wenn man von einem Hoch- in ein Tiefdruckgebiet fliegt, dann wird's gefährlich. Man muss während des Fluges nachkorrigieren, weil der Höhenmesser eine scheinbar größere Höhe des Flugzeugs anzeigt. Fliegt man von einem Tief- in ein Hochdruckgebiet, dann zeigt der Höhenmesser eine scheinbar geringere Höhe des Flugzeugs an.

Schaust du dem Windsack ins Maul, ist etwas faul.

Flugzeuge starten und landen gegen den Wind, dessen Richtung durch einen Windsack in der Nähe der Startbahn angezeigt wird. Steht oder fliegt man nun so, dass man in die vordere Öffnung des Windsacks (das »Maul«) schaut, würde man mit dem Wind starten bzw. landen, was gefährlich werden kann.

K K K

Kommandieren

Kontrollieren

Korrigieren

Diese Eselsbrücke wird zwar dem Militärdienst zugeordnet, aber wenn man das »Kommandieren« nicht ganz so wörtlich nimmt, sondern durch »Anordnen«, »Führen« oder »Unterrichten« ersetzt, dann haben wir eine allgemeingültige Regel für viele Lebensbereiche, insbesondere in Schule und Beruf.

Wer sich über irgendetwas eine Minute ärgert, sollte bedenken, dass er dadurch 60 Sekunden Fröhlichkeit verliert. (Robert Stolz)

Das richtige Lachen ist der Beginn des richtigen Denkens und Empfindens. (Carl Zuckmayer)

Im Computerladen wird Meier ein PC als das neueste Modell angepriesen. »Das kann ja wohl nicht ganz stimmen! Denn wieso steht dann hier ›ALT‹?«

Der Gastwirtsssohn kommt vom ersten Schultag nach Hause. »Na, wie war's?«, fragen seine Eltern. »Ach, eigentlich ganz okay«, erwidert der Steppke. »Nur der hinter der Theke, der ist ein echter Besserwisser!«

Vermischtes

Wein auf Bier, das rat ich dir.
Bier auf Wein, das lasse sein.

Dieser Rat war einst anders gemeint, als er heute verstanden wird. Ernährungsphysiologisch macht es keinen Unterschied, ob man zuerst ein Bier oder einen Wein trinkt. Der eigentliche Ursprung dieser Lebensweisheit ist vielmehr darin zu sehen, dass der Wechsel vom billigeren Bier zum teureren Wein mit einer Mehrung des eigenen Vermögens einhergeht, der umgekehrte Weg aber den sozialen Abstieg bedeutet, wenn man sich den Wein nicht mehr leisten kann.

**Die Zitrone hart gerollt –
ist dem Koch besonders hold.**

Weil eine entsprechend bearbeitete Zitrone mehr Saft abgibt.

**Von der Zitrone etwas Saft
gibt der Sahne Halt und Kraft.**

Großmutters Weisheiten sind immer noch recht nützlich.

Das Ei platzt auf beim Kochen,
wird kein Loch zuvor gestochen.

Ein paar Körner Reis im Fass,
Salz bleibt trocken, wird nicht nass.

Funktioniert auch im Salzstreuer.

Mehlteig wird, wie es gebührt,
immer nur kalt angerüht.

Verwendet man warmes Wasser (oder Milch), sind die Klümpchen vorprogrammiert.

Fensterputz bei Sonnenschein
bringt dir nur Enttäuschung ein!

Omas Schmuckstück aus Granaten
wird durch Kleie neu geraten.

Laue Milch auf Elfenbein
gibt ihm wieder schönen Schein.

Bimsstein nimmt gar manchen Fleck
von den Fingern wieder weg.

Auf dem Parkett den Tintenfleck
bringt Zitrone wieder weg.

Liegt der Schnee im Garten weit und breit –
ist die beste Teppichklopfer-Zeit.

Nasse Pullover auf den Bügel,
so was verdient eine Tracht Prügel.

Pelze, das vergesse nicht –
blassen ab im Sonnenlicht.

Ein Schirm, der nass nach Atem schnappt,
wird erst – wenn trocken – eingeklappt.

Der geeignete Ort, um aufgespannte Regenschirme zu trocknen: die Badewanne.

WUMS

Welche Rechte hat ein Käufer bei mangelhafter Lieferung?

Wandlung

Umtausch

Minderung

Schadenersatz

FIFO

Nein, das ist kein Name für Hunde, sondern die Abkürzung eines sehr wichtigen Prinzips der Lagerhaltung und Büroorganisation:

First **I**n **F**irst **O**ut

Verderbliche Ware bzw. Produkte mit Verfallsdatum müssen so umgeschlagen werden, dass die Stücke, die zuerst eingelagert wurden, auch als Erste wieder herausgehen.

Ein Sachbearbeiter verfährt in der Regel auch nach demselben Prinzip. Vorgänge werden in der Reihenfolge des Eingangs bearbeitet, sofern es sich um Gleichwertiges handelt.

AIDA

AIDA ist – von einer berühmten Oper einmal abgesehen – eine Abkürzung für die wichtigsten Aufgaben, die eine Werbung zu erfüllen hat.

Attention: Die Aufmerksamkeit des Betrachters wird mit Hinguckern geweckt.

Interest: Das Interesse des Betrachters an der vorliegenden Werbung wird gebunden.

Desire: Das Verlangen des Betrachters wird auf das beworbene Produkt gelenkt.

Action: Der Betrachter wird zur Kaufhandlung angeregt.

Die sieben Ws der Werbung.

Wofür?	Für was soll geworben werden?
Wer?	Wer soll angesprochen werden?
Weshalb?	Welche Gründe bestehen für die Zielgruppe, das Produkt zu erwerben?
Womit?	Mit welchem Werbebudget und welchen Einsatzmitteln soll geworben werden?
Wie?	Auf welche Weise und mit welcher Gestaltung soll geworben werden?
Wo?	Wo, in welcher Region soll geworben werden?
Wann?	Zu welchem Zeitpunkt soll die Werbung beginnen und enden?

AGGFU

Für demokratische Wahlen gelten fünf Prinzipien:

allgemein, **g**leich, **g**eheim, **f**rei und **u**nmittelbar

MAT-MAR-LU-JO

und

ELSA

Die vier Evangelisten und ihre Symbole kann man sich hiermit leicht einprägen:

MAT	=	Matthäus	E	=	Engel (Matthäus)
MAR	=	Markus	L	=	Löwe (Markus)
LU	=	Lukas	S	=	Stier (Lukas)
JO	=	Johannes	A	=	Adler (Johannes)

Römische Korinthen galten effektiv viel bei den kolossalen Thessalonichern.

Die Briefe des Apostel Paulus an Gemeinden, also ohne die so genannten Pastoralbriefe, in der Reihenfolge des Neuen Testaments:

Der Brief an die Römer
Der erste Brief an die Korinther
Der zweite Brief an die Korinther
Der Brief an die Galater
Der Brief an die Epheser
Der Brief an die Philipper
Der Brief an die Kolosser
Der erste Brief an die Thessalonicher
Der zweite Brief an die Thessalonicher

ΙΧΘΥΣ

Wundern Sie sich manchmal, warum Zeitgenossen ein Fischsymbol an ihr Auto kleben? Vielleicht erinnern Sie sich noch dunkel daran, dass der Fisch seit frühester Zeit Erkennungszeichen für die Christen war. Wie kommt das? Mit den wunderbaren Speisungen Tausender durch Brot und Fisch hat das direkt nichts zu tun. Sondern »Fisch« heißt auf Griechisch »ΙΧΘΥΣ«, mit lateinischen Buchstaben »ICHTHYS« geschrieben. Dieses Wort besteht aus den Anfangsbuchstaben einer elementaren Glaubenslehre der Christen:
Jesus Christus ist Gottes Sohn und Erlöser (der Welt).

Ι	ΙΗΣΟΥΣ	IESOUS	Jesus
Χ	ΧΡΙΣΤΟΣ	CHRISTOS	Christus
Θ	ΘΕΟΥ	THEOU	Gottes
Υ	ΥΙΟΣ	HYOS	Sohn
Σ	ΣΟΤΕΡ	SOTER	Erlöser

IHS – Jesus, Heiland, Seligmacher.

Die drei ersten Buchstaben des griechischen Jesus-Namens »IHSOUS«, die auch gelesen werden können: »Jesus Hominis Salvator«.

INRI – Iesus Nazarenus Rex Iudaeorum.

Am Kreuz Jesu Christi war eine Aufschrift angebracht, die den Gekreuzigten als »König der Juden« auswies (Mk 16,26 und Joh 19,19). Dies war der Schuldspruch.
IESVS NAZARENVS REX IVDAORVM
Jesus von Nazareth, König der Juden

C M B – Caspar, Melchior und Balthasar.

Eigentlich heißt der Segensspruch »Christus mansionem benedicat« (»Christus segne die Wohnung!«), aber da das für Nichtlateiner ein bisschen schwer zu merken ist, hat der Volksmund die Heiligen Drei Könige damit verknüpft.

Berührt – geführt!

Schach ist die einzige Sportart, bei der Doping mit Alkohol und Nikotin erlaubt ist. Aber am Brett gelten strenge Regeln: Hat man eine Figur angefasst, muss man diese Figur auch ziehen. Hart, wenn man genau in dem Moment die Falle des Gegners durchschaut. Hat man die Figur einmal abgesetzt, dann ist der Zug abgeschlossen. Will man nur Figuren auf dem Brett zurechtrücken, kann man dies tun, nachdem diese Absicht mitgeteilt hat, zum Beispiel durch den Ausspruch »j'adoube«.

Die Regel ist so wichtig für die Teilnahme an Turnieren, dass sich alle Anfänger diesen kurzen Reim immer wieder einprägen sollten.

The quick brown fox is jumping over the lazy dog.

Wenn wir einen Probetext schreiben, z. B. um etwas am Computersystem technisch zu prüfen, die Wirkung einer bestimmten Schriftart in der Textverarbeitung auszuprobieren oder eine Testmail zu verschicken, dann sieht das meist so aus: »algknaoo ak apkgnogo awigh«. Im angelsächsischen Raum lässt sich das eleganter lösen. Die Eselsbrücke enthält sogar alle Buchstaben des Alphabets – von unseren deutschen Umlauten einmal abgesehen – und ist somit sogar eine Übung bzw. ein Test für das Beherrschen des Zehnfingersystems.

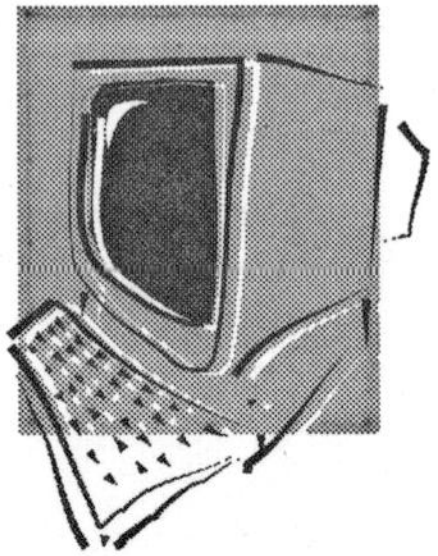

**Ein Foto, welches transparent,
man wegen Durchsicht Dia nennt.**

»Dia« ist ein griechisches Wort und bedeutet: durch, hindurch.

Wenn Sonne lacht, dann Blende acht.

Bei strahlendem Sonnenschein und guten Lichtverhältnissen wird die Benutzung von Blende 8 am Fotoapparat empfohlen. Dann hat man ein optimales Verhältnis von Tiefenschärfe und Belichtungszeit.

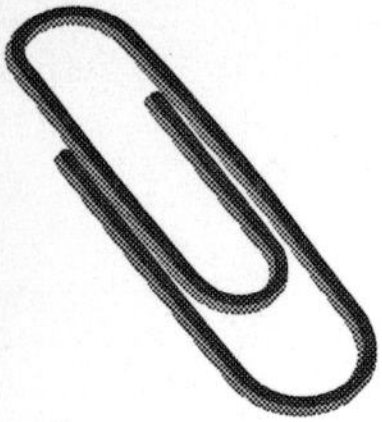

Rast' ich, so rost' ich. (Deutsches Sprichwort)

Wer nicht richtig faulenzen kann, kann auch nicht richtig arbeiten. (Deutsches Sprichwort)

Der Religionslehrer versucht, den Erstklässlern klarzumachen, dass Gott immer bei uns ist, auch wenn wir ihn nicht sehen. Meldet sich Peterchen: »Das stimmt, er macht immer im Supermarkt die Türen für mich auf und zu!«

Als der Vater seinen sehr spät aus der Schule heimkommenden Filius befragt, wo er so lange gewesen sei, bekommt er zur Antwort: »Ich habe heute Überstunden geschoben!«

Register

N

O